마키아벨리,
가면 뒤의 얼굴

마키아벨리,
가면 뒤의 얼굴

파트리크 부슈롱

손주경 옮김

KU PRESS
고려대학교
출판문화원

Un Été avec Machiavel
by Patrick Boucheron

차례

청춘

행동의 시간

재난 이후

청
춘

★ 본문의 주는 모두 옮긴이의 것이다.

1

계절들

마키아벨리와 함께 휴가를 보내겠다는 것은 정말로 웃기는 생각이 아닐 수 없다. 《군주론》의 저자는 엄밀히 말하면 휴가 때 읽을 만한 작가, 한여름 낮잠을 자기 위해 필요한 동반자는 아니다. 오히려 그는 언제나 싸움 한복판에 뛰어든 행동하는 인간이며, 글로 세상을 드러내고 세상에 대해 실망에 찬 조서(調書)를 꾸리는 것이 그에게는 세상을 변화시키기 위해 일을 하는 것과 다른 것이 아니었다. 1513년에 《군주론》에 대해서 그는 이렇게 말하기도 했다. "만약 사람들이 나를 읽는다면, 나랏일을 익혔던 지난 15년 동안 잠을 자지도 놀아보지도 못한 나를 보게 될 것이다."*

---

* 1513년 12월 10일 친구 프란체스코 베토리(Francesco Vettori)에게 보낸 편지. 11장에서 다시 다루어진다. 저자 파트리크 부슈롱은 마키아벨

사실 그가 세상을 떠난 1527년 이후에도 사람들은 그의 작품을 읽었으며, 비방과 검열을 무릅쓰고 또한 멍멍한 상태에서 벗어나기 위해서라도 그의 작품을 부단히 읽어나갔다. 이점에서 당연히 마키아벨리는 한여름 태양처럼 강렬한 인물이다. 그는 이글대는 빛을 온갖 사물들에 뿌려서 모서리마저도 생생하게 드러나게 만드는, 자신의 산문을 신랄하게 만드는 그런 태양이다. 니체는《선악의 저편》에서 누구보다도 이점을 지적한 바 있다. "그로 인해 피렌체의 건조하면서도 섬세하기 그지없는 공기를 우리는 마시게 되는데, 그는 가장 심각한 문제들을 억제가 되지 않는 '알레그리시모' 리듬에 실어서 멈추지 않고 제기하였다. 고상하면서도 난해하고 거칠면서도 위험천만한 생각 그리고 도깨비에 홀려 마음을 들뜨게 만드는 그런 질주하는 리듬을 대담하게 서로 맞부딪치게 만드는 예술가로서의 어떤 간교한 쾌락, 그것이 확실히 그에게 있었기 때문일 것이다."

그런데 만약 모든 것이 리듬의 문제라면, 그가 "시대의 특성(qualità dei tempi)"이라고 부른 것이 확신이 떨어져 가는 가을에 접어들고 말았다는 것을 어찌 보지 못할 수 있겠는가?

리 작품 인용을 위해 프랑스어 번역본 Machiavel, *Oeuvres*, traduction de l'italien par Christian Bec(Robert Laffont, 1987)을 참조한다.

1494년 이후의 이탈리아는 전쟁을 치루는 중이었다. 시민 통치를 진정으로 자랑스러워하고, 자신의 문화적 우월성을 지극히 확신하던 이탈리아는 전대미문의 폭력, 포식자인 거대 군주국들의 폭력에 사로잡히고 말았다. 사람들이 "이탈리아 전쟁"이라고 지칭하는 그것은 엄청난 환멸을 불러왔다. 지난 몇 세기 전부터 이탈리아 반도는 근대정치의 실험실, 다시 말해 공동의 미래가 발명되는 장소였건만, 이제는 유럽이라는 것이 닥쳐온 전쟁 이외의 다른 것이 아님을 모두가 알 수 있게 되었기 때문이다.

어둠이 펼쳐져 갔고, 겨울이 다가왔다. 영혼을 마비시키고 말았다. 꽉 다문 입술 위에서 말들은 얼어붙었으며, 앞으로 미래가 어찌 될 것인지를 말하기는 불가능하게 되었다. 머지않아 마키아벨리는 그것을 알게 될 것이다. 정치적 말을 소용없게 만드는 가혹하면서도 완만한 어떤 움직임이 이루어지고 있음을 그는 알게 될 것이다. 그가 책을 통해 진정으로 즐겨 배우려 했던 정치적 언어는 "사물의 실제적 진실(verità effettuale della cosa)"*을 정확하게 말하는 데 아무런 효력도 지니지 못하게 되고 말았다. 이렇게 지난 몇 년의 과거가

---

* 《군주론》 15장 도입부에 사용된 표현이다.

어떤 도움도 줄 수 없게 되어버렸다면, "내 소중한 로마인들"이라고 불렀던 자들에게로 그가 되돌아가고, 활력을 회복시켜 주는 커다란 욕조와도 같은 고대작품들 속으로 그가 몸을 내던지고, 원기를 되찾아 주어서 다가올 자신의 미래를 작동시키는 그런 방식을 그가 고대라고 부르는 것이 당연하지 않겠는가?

이런 것을 사람들은 르네상스라고 부른단 말인가? 어찌 그렇지 않겠는가? 보티첼리 그림에 담긴 난폭한 잔인성을 볼 수 없는 사람들에게는 순수하고 나긋나긋한 색깔로만 장식되었을 뿐인 그런 봄날을 보기만 원한다면 그렇다.* 마키아벨리는 잃어버린 동정(童貞)의 거장이다. 과거이든 현재이

---

* 보티첼리의 〈비너스의 탄생〉은 사이프러스에서 조개껍질로부터 태어나는 미의 여신을 소개한다. 그녀의 오른쪽에는 생명의 바람이기도 한 제피로스가 있으며, 왼쪽에서는 님프가 마중을 나와 꽃을 날린다. 조개껍질은 여성성과 고귀함의 상징이면서도, 물과 불의 결합으로 만들어진 까닭에 영혼과 육체의 재탄생을 의미하기도 한다. 새로운 아름다움의 출현과 관련된 이 그림은 르네상스의 정신성을 대변한다. 여인들의 풍만함은 아름다움의 비옥함과 생산성을 암시하기 때문이다. 그러나 비너스는 잔혹함에서 태어난 여인이기도 하다. 그녀의 아버지는 우라노스였으며, 아들 크로노스는 아버지를 살해하고 그의 성기를 잘라 바다에 던졌다. 이때 일어난 바다거품에서 비너스가 탄생했다. 따라서 이 그림은 부친살해라는 가장 잔혹한 폭력에서도 사랑과 아름다움이 탄생할 수 있

든 그는 험한 날씨와 동맹을 맺은 자이다. 그래서 내 입장에서 보면 마키아벨리에 대해 연구한다고 말하는 것은 힘든 일이기도 하다. 그러나 그와 함께 있는 것은, 그렇다, 분명 단단히 무장을 갖춘 동지와 함께 있는 것과 같으며, 전초기지를 향해 언제나 뛰어들 수 있는 유격대원을 닮은 사람과 함께 있는 것과 같다. 그는 우리에게 현재의 자신이 아니라 미래의 자신을 읽어줄 것을 요구한다.

결국 평범하기 그지없는 다음의 사실을 말할 수 있다. 마키아벨리의에 대한 관심은 폭풍우가 예고되는 순간의 역사 안에서 언제나 다시 태어난다. 그렇다, 사실 이런 말보다 더 평범한 것은 없다. 왜냐하면 그는 사납기 그지없는 날씨 속에서 사고하는 자이기 때문이다. 지금 그를 다시 읽는 것은 불안해할 무언가가 있기 때문이다. 그가 우리에게로 다시 돌아와 이렇게 말을 건넨다. "깨어나시오"라고.

다는 의미를 전달하는 것으로 해석될 수 있다. 그런데 이런 관점은 이분법적이기도 하다. 오히려 새로운 미의 탄생은 카오스와 같은 혼돈을 초래하는 상태에서 탄생한다는 이치를 담고 있는 것으로 읽어야 한다. 새로움은 가장 낯익은 것의 파괴에서 가능하기 때문이다. 새로운 아름다움, 즉 새로운 질서와 조화와 평화가 만들어지기 위해서는 파괴된 질서, 혼돈의 세상, 즉 카오스가 있어야 한다. 이점에서 본다면《군주론》은 혼란과 폭력이 지배하던 시대가 탄생시킨 작품이기도 하다.

2

마키아벨리즘

단테적이다, 카프카적이다, 사드적이다. 마키아벨리적이다. 집단의 불안을 자기 이름으로 명명한다는 것은 특권이긴 하지만 문제가 다소간 없지 않은 특권이다. 프랑스어 사전을 간행했던 에밀 리트레(Émile Littré)는 "마키아벨리"라는 표제어에 "이탈리아 소폭군들이 자행했던 폭력과 폭정의 방식들을 이론화한 16세기 피렌체 출신의 정치저술가"라는 별로 온건하지 않은 소개를 달았는데, 그것은 "거리낌 없는 모든 통치자"라는 비유적 의미를 여기에 곧바로 덧붙이기 위해서였으며, 예시로 "우리 운명을 결딴내는 마키아벨리들"을 제시했다.

리트레는 괴상한 비유적 의미를 마키아벨리라는 이름에 억지로 입혀놓는 기괴한 행동을 했지만, 그것은 역사라는 것이 마키아벨리에 대해 취한 몸짓이기도 하다. 마키아벨리즘은 마키아벨리와 우리들 사이에 포개져 있는 무엇이다. 사실 그것은 정치적인 해악, 정면으로 마주하고 싶지는 않지만 그렇다고 해서 보지 않기 위해 눈을 감아버리기도 어려운 무언가의 흉측한 아가리를 보여주고 드러내는 하나의 비유적 표현이다. 아니 오히려 그것은 그 뒤에 있던, 1469년에 피렌체에서 태어나 1527년에 로마에서 사망한 니콜로 마키아벨리라는 이름을 지닌 자를 사라져 버리게 만드는 가면이다.

마키아벨리즘은 마키아벨리의 원칙이 아니라 가장 악의적인 적수들이 그에게 갖다 붙인 이름이기 때문이다. 한마디로 말해 반마키아벨리주의가 고안해 낸 것이다. 《군주론》 저자가 죽은 지 반세기 뒤에 이 악마 같은 책은 종교재판에 의해 "금서목록"*에 포함되었고, 〈반마키아벨리(Anti-Machiavel)〉라는 제목이 붙은 수많은 정치서적들이 간행되었다. 이런 흐름을 처음—정확히는 1576년에—조장한 장본인은 세상의 모든 사악함에 맞서 싸워야 한다는 숙명을 점

---

* 1559년에 로마교황청은 《군주론》을 금서목록에 포함시켜 유포를 금지하였다.

지받은 듯한 이름을 가진 이노상 장티에(Innocent Gentillet)였다. 그는 종교개혁파*의 변호사이자 신학자였다.**

몇 년 뒤에 명석한 예수회 수도사이면서 반종교개혁의 열렬한 지지자였고, 스스로도 마키아벨리에 반대하는—아니 전적으로 그에게 반대했던—생각을 품었던 조반니 보테로(Giovanni Botero)가 등장했다. 그는 국가이성(raison d'Etat)이라는 개념—이 개념은 당연히 마키아벨리에게서 빌려온 것이기도 하다. 이것에 따르면 권력은 권력을 지켜낸다는 것 이외의 어떤 법이나 필요성도 갖지 않는다는 사실을 가리키기 때문이다—을 고안한 자이다.

이때부터 마키아벨리즘은 유럽 정치사상의 밑바닥을 소

---

* 원문에서는 신교도를 가리키는 "protestant"이라는 표현을 사용했지만, 이 용어는 루이 14세 때 고안되었으며, 16세기 당시에는 종교개혁 지지자를 지시하는 "réformé"라는 표현이 통용되었다.

** 1560년대 중반까지 마키아벨리는 프랑스에서는 군주제의 지지자로서 간주되었다. 그가 잔혹한 군주의 이미지를 제시하고 있다는 평가가 있긴 했지만, 아직 정치적으로 '반마키아벨리'의 분위기는 형성되지 않았다. 그러나 종교전쟁이 시작된 1560년 중반 이후 피렌체 출신의 프랑스 국모 카트린 드 메디치(Catherine de Médicis)에 의한 종교개혁파 탄압이 본격적으로 시작되고, 1574년에 성 바르톨로메오 대학살이 자행되면서 마키아벨리는 사회의 모든 악들을 조장하도록 카트린을 부추긴 장본인으로 지목된다. 이런 상황에서 장티에의 작품이 간행되었다.

리 없이 파고들어 가다가 이곳저곳에서 솟아날 지점을 찾는 지하수처럼 여겨지지 시작했다. 마키아벨리는 앞으로 나아갔지만 그의 얼굴에는 가면이 덧씌워졌다. 사람들은 여러 가명들 뒤에 숨어있는 그를 알아차렸으며, 그를 무너뜨리려고 만들어낸 생각을 사용해서 그의 생각을 반박하였다.

귀스타브 플로베르(Gustave Flaubert)는 에밀 리트레와 거의 같은 시기에《통상관념사전》혹은《기발한 생각들의 목록》을 집필했는데, 그는 시의에 따라 적절하게 "마키아벨리즘"을 "마키아벨리" 앞에 위치시키면서 알파벳 순서를 바꿔버렸다. 그렇게 해놓으니 첫 번째 용어가 두 번째를 집어삼키고 말았다. "마키아벨리즘. 몸을 부들부들 떨지 않고서는 발음하기 힘든 단어" 뒤에 "마키아벨리. 그의 작품을 읽지는 않았지만, 그를 흉악범으로 간주한다"가 놓이게 되었다.

결국 이 모든 것은 관점의 문제이다. 이 괴물을 뚫어지게 바라보기 위해 가면을 들춰내지만, 그를 바라보면서 전율하지 않게 된다면 어떠하겠는가? 자기 시대를 그토록 강렬하게 살았으며, 바로 그런 이유 때문에 우리 시대로 부단히 비집고 들어오는 그를 만나기 위해서라면 그를 읽어야 한다. 그리고 사실 이보다 더 쉬운 것도 없다. 왜냐하면 마키아벨리는 평범했던 생애의 뒤쪽이 아니라면 굳이 제 몸을 숨기

지도 않기 때문이다. 그런데 자신에 대해 말할 때의 그는 상당히 솔직하다. 자신의 고독과 기쁨 그리고 의심들을 감추지 않기 때문이다. 그래서 그는 다음의 시에서처럼 자신의 불안을 사방에 기꺼이 던져놓는다.

> 나는 희망하지만, 그 희망은 내 고뇌를 커져가게 만들고,
> 나는 눈물 흘리지만, 내 눈물은 비통한 내 마음을 자라나게 하고,
> 나는 웃음 짓지만, 내 웃음은 내 안으로 꿰뚫고 들어올 수 없으며,
> 나는 뜨겁게 타오르지만, 불탄 자국은 밖으로 드러나지 않으며,
> 내가 보고 들은 것을 나는 두려워하니,
> 모든 것들이 새로운 고통을 나에게 가져다준다.
> 희망을 갖건만 눈물 흘리고, 웃고, 타오르게 되니,
> 내가 듣고 바라보는 것이 두렵기만 하다.*

---

* 마키아벨리는 여러 편의 시를 쓴 시인이기도 하다. 인용 작품은 11음절 8행으로 구성된 민중시(strambotto)에 해당한다. 시적 화자의 진정성과 솔직함을 드러내는 데 적합한 시 형식을 선택한 마키아벨리에게서 자신의 내면을 기꺼이 드러내려는 성향을 발견할 수 있다.

3

1469, 되돌아온 시간

니콜로 마키아벨리는 1469년 5월 3일 피렌체에서 태어났다. 1469년의 피렌체는 어떠했던가? 군주들이 으스대며 활개를 치던 공화정이었다. 최근 3세기 동안 이 도시를 자치 공화정의 모델로 만들어준 공동체의 오랜 경험을 라틴어로 된 눈부신 표현들로 장식하면서 힘과 풍요로움을 뽐낸, 자부심으로 가득 찬 공화정이었다. 그러나 재력가들의 통치로 인해 조금씩 과두정치로 굳어져 가고 있던 공화정이기도 했다.

이들 가운데 메디치 가문이 있었다. 부유한 금융가문이었으며, 지난 30여 년 동안 자신들의 영향력으로 공화정을 지배했다. 코시모 데 메디치(Cosimo de' Medici, 1389-1464)라고 불렸던 이가 이들의 조상이었다. 그는 자기 정파와 추종자들의 도움하에서 신중하게 처신할 수 있었다. 궁정의 호사로움으로부터 멀리 벗어나서 그는 소박하게, 그러나 자신을 조국의 아버지로 여기게 만들 수 있었던 권력자들에게서 찾아볼 수 있는 어떤 신중함을 지니고서 살아갔다. 1464년, 아버지의 뒤를 이은 아들 피에로(Piero de' Medici, 1416-1469)는 조금씩 자신에게서 공화주의자라는 수줍음을 떨쳐냈다. 아버지의 뒤를 이은 지 5년 만인 1469년에 피렌체의 모든 이들은 그가 병에 걸렸다는 사실을 알게 되었다. 12월 2일 사망했다. 그러자 손자인 로렌초(Lorenzo de' Medici, 1449-1492)가 전면에 나서게 된다. 그의 나이 스물이었고 가문의 미래를 써나갔다. 머지않아 사람들은 그를 위대한 로렌초(Lorenzo il Magnifico)라고 부르게 될 것이다. 그만큼 오만방자하게 돈을 낭비했기 때문이다. 행차의 맨 앞에서 그는 의기양양하게 몸을 곧추세우곤 했다. 벨벳 모자 위에 수백 개씩 뿌려져 있는 수많은 진주와 보석을 어찌 사람들이 알아차리지 못했겠는가? 군주처럼 차려입은 그는 노출되어 있었다—달리 말해 자신을 구경거리로 만들었으며, 그래서 스스로를 위험에 처하게 만들었다고 후에 마키아벨리는 깨닫게 될 것이다.

위험, 어떤 위험을 말하는가? 토스카나주 도시의 이 빛나는 젊은이의 무료함을 달래기 위해 사람들은 1469년 2월 7

일 마상시합을 개최했다. 그런데 이탈리아 자치공동체들의 정치적 일상에서 흔한 것이었던 전투는 단지 세련된 모의경기였을 뿐이었다. 마치 춤출 때의 발놀림처럼 화려하지만 허무한 그런 놀이였다. 승리를 거두는 장면의 폭력성을 제외한다면 거기에는 어떤 폭력적인 것도 없었다. 지켜보는 사람들의 질투 어린 시선을 받으면서 로렌초는 자신의 멋진 깃발을 흔들어댔다. 그 깃발에서 사람들은 유럽의 모든 지식인들을 여전히 몽상에 빠지게 만들고 있었던 기사도 소설의 언어, 프랑스어가 황금으로 박힌 그의 명구(名句), "되돌아온 시간(Le temps revient)"을 읽을 수 있었다.

바로 이런 것이 르네상스였다. 영원한 봄이 초록빛으로 다시 생기를 띠게 된 시절에 이탈리아는 어둡고 무거운 장막을 찢어내고 황금시대를 다시 찾아냈다. 되돌아온 시간에 직면하기 위해서라도 젊은 군주의 청년다운 활력이 필요했다. 과거 전체가 아니라, 낡아빠지고 시대에 뒤처졌으며 쓸모없어진 것에 맞서서 "안티쿠이타스(antiquitas)"라고 인문주의자들이 라틴어로 불렀던 과거의 활기차고 생생하며 창조적인 일면이 필요했다. 그런데 이 예고된 아름다운 오늘이 환상의 대상이 된 과거를 단지 흉내 내서 연출한 것 이외에 다른 것이 아니었음을 그들은 분명히 알고 있었을까?

우리는 기 드보르(Guy Debord)가 1967년에 집필했던 예언서《스펙터클 사회(La Société du Spectacle)》를 읽어본 적이 있다. 따라서 우리는 상품에 대한 맹목적 숭배가 찬사를 받을 때 볼 수 있는 그 열렬한 흥분이 초래하게 될 해롭기 그지없는 결과를 예측해야만 한다.* 그러나 피렌체는 아무런 행동도 하지 않았으며, 예언자들은 다가올 엄청난 재난들에 대해 한마디 경고도 하지 않았다. 1469년에 피렌체에서 준비되고 있던 재난들, 그것의 발단이 시작되었음을 아무도 눈치채지 못했다. 마키아벨리는 로렌초가 마상시합에서 승리를 거둔 지 석 달 뒤인 5월 3일에 태어났다. 그리고 자신이 너무 늦게 세상에 태어났다는 느낌을 재빨리 갖게 되었다. 그렇게 그에게는 절망한 자들의 무기라고 할 수 있는 명민함이 있었다.

---

* 기 드보르는 '스펙터클'이라는 말로 현대인들의 삶이 '껍데기의 지배'에 불과하다고 지적한다. 삶의 진정한 모습들은 은폐되고, 우리의 눈앞을 이루고 있는 것은 단지 표상과 허위의식이라는 것이다. 이것들은 우리의 삶과 결코 하나를 이루지 못하고, '별개의 거짓세계, 한갓된 관조의 대상'으로 우리의 눈앞에 펼쳐진다.

4

아버지의 야망

마키아벨리가 빈번하게 과장하고 있다는 점을 인정하자. “나는 가난하게 태어났으며, 한바탕 놀기도 전에 죽도록 일하는 것을 배웠다”고 자신을 말할 때의 그는 과장하고 있다. “유일한 관심사가 폼 나게 옷을 입어 휘황찬란하게, 멋진 말로 명민하면서도 꾀바르다는 모습을 드러내는 것이었다”고 후에 《피렌체사》에서 쓰게 되겠지만, 마키아벨리는 될 대로 되라는 식의 무사태평한 청춘 시절을 보내지는 않을 것이다. 왜냐하면 위대한 로렌초의 시대에 그렇게 하기 위해서라면 영지를 소유하여 부를 누리는 오래된 귀족 가문, 한마디로 사람들이 ‘대귀족’이라고 부르는 가문 출신이어야 했다.

마키아벨리의 가문은 이런 “고관귀족(magnati)”보다 훨씬 아래쪽에 속해있었다. 그렇지만 가난했다는 말이 정확하지는 않다. 이미 오래전부터 그의 가족들은 비록 초라하긴 했지만 영지에서 나오는 수입으로 삶을 꾸려나갔다. 이런 보잘것없는 가난은 무엇보다도 정치적으로 선택을 잘못했기 때문이다. 메디치 가문의 권력에 대립했다는 이유로 가문의 먼 조상들 가운데 한 명인 지롤라모(Girolamo)는 체포되어 추방당했고, 고문을 당하다가 1460년에 결국 감옥에서 사망하고 말았다. 바로 이것이 메디치가의 화려한 축제의 뒷모습이었다.

9년이 지나 1469년에 마키아벨리가 태어났을 때 그에게는 누이가 둘이나 있었다. "올트라르노(Oltrarno)", 즉 피렌체를 가로지르는 아르노강(Fuime Arno) 건너편에 있던 그가 살던 집에는 정말로 사람들로 들끓었다. 사촌들이 벅적거렸으며, 대가족의 일상이 그랬듯이 쾌활하고 들뜬 "군집(brigata)"을 이루었고, 후에 결혼을 한 마키아벨리도 이런 가족을 꾸리게 될 것이다. "베키오 다리(Ponte Vecchio)"를 향해있던 그의 집은 1944년에 파괴되었다. 몇 년이 지난 후에 역사가들은 이 가문의 내력을 다룬 책 한 권을 발견한다. 그것은 마키아벨리의 아버지인 베르나르도 마키아벨리 "주인 나리(messer)"께서 작성한 호적장부였다. 사람들이 "나리"라고 부른 것은 그가 법학자였기 때문이지만, 메디치가의 반대세력에 연루됨으로써 그는 정확하게는 법률가로서의 삶을 살지 못했다.

베르나르도는 체계적이고 냉정하게 집안사로 구성된 항목들을 기록했다. 그의 이 "회고록(Ricordi)"으로부터 어떤 내면의 고백은 새어 나오지 않는다. 그것은 지난 일에 대한 회고록이기보다는 집안운영에 관한 세세한 회계장부에 해당한다. 그는 모든 힘이 가족으로부터 나온다는 것을 우리에게 상기시켜 준다. 집안일, 사람들, 재정, 집안 정서를 관리하는 것, 특히 세세한 것들에 대한 어떤 집착 이외에 다른 것을 찾을 수 없다.

그렇게 베르나르도는 집 안으로 들어온 모든 것들을 끈질기게 기록했다. 포도주, 호두열매, 부인네들 그리고 책들. 수많은 책들. 점점 더 늘어나는 책들. 법률서, 역사서, 문학작품들. 여기에 무슨 해결책이라도 있다고 생각한 것인지? 권력을 쥔 자들은 일정한 교육을 통해 습득한 교양을 가장 날카로운 무기로 삼는 법이다. 우리가 인문주의라고 부르는, 지금의 우리로서는 참으로 상상하기 힘든 이것은 피렌체 엘리트들이 거만하게 사용한 이런 차별의 기술을 가리킨다.* 여하튼 마키아벨리 가문은 그런 것을 요구할 수 없었다. 니콜로에게는 명석한 선생이 없었으며, 그는 대학에 가지 않을 것이고, 그리스어를 배우지도 않게 될 것이다. 따라서 그는 인문주의자가 아니었으며, 인문주의자라고 자부하는 자들은 살아가는 동안 그가 값을 치르게 만들 것이다.

그런데 피렌체는 작은 학교들로 가득했고, 거기에서 사람들은 라틴어를 배웠으며, 베르나르도가 기록을 시작하기 직전에 나온 구텐베르크의 발명품은 피렌체에서 빠르게 퍼져 나갔다. 베르나르도는 자신이 때로는 매우 비싸게 주고 구입한 서른 권 정도의 책들에 대한 목록을 만들었다. 티투스 리비우스의《로마사》책값을 치루기 위해 그는 책에 언급된 "도시, 산 그리고 강줄기" 등에 대한 색인 작성을 받아들였다. 9개월이 걸렸다. 마키아벨리가 물려받은 것도 바로 이것, 즉 아버지의 야망이었다. 책들 안에 자리 잡은 야망, 책들을 가지고서 설욕을 할 수 있게 되리라는 희망, 시기심으로 가득한 손아귀로 책들을 쥐고 있으려는 자들에 대항하여

---

* 진실에 접근하는 가장 효율적인 수단으로서의 지식은 르네상스 시대에는 지적 호기심과 무지의 위험성을 경계하는 자에 의해 획득될 수 있다는 주장이 있었다. 그래서 인문주의자들에게는 지적 귀족주의나 지적 차별주의의 성향이 있다고도 말할 수 있지만, 이를 지금의 관점에서 비난하기는 힘들다. 인문주의는 무엇보다도 인간과 세계에 대한 고대의 인식을 이해하고 모방함으로써 형성된 거대한 지적 흐름이기 때문이다.

책이라는 무기들을 휘두를 수 있다는 확신을 그는 물려받았다.

5

위험한 책에 대한 이야기

때때로 사람들은 어떤 책들을 부표로 삼아 거기에 매달리곤 한다. 사방이 온통 출렁거리고 배가 뒤집히기 직전에 놓이게 되면 부표들은 수면 위로 떠올라서 간절하기 그지없는 우리의 시선에 신호를 보내 난파를 모면하게 해준다. 마키아벨리의 책들이 그렇다. 역사가 흘러가는 동안 그 책들은 정치적으로 표류하던 자기네 삶을 이해하길 원했던 사람들에게 충실한 동맹자가 되었다.

사람들은 길을 찾기 위해 책을 읽을 수 있고, 헤매기 위해서 책을 읽을 수도 있다. 아주 먼 곳에서 온 매우 오래된 어떤 책은 강한 인상을 발휘하고 사방으로 미친 듯 움직이면서 지나치는 모든 것들을 뒤죽박죽으로 만들어놓기도 한다. 뜻하지 않게 그것은 우리네 인생을 물길에서 벗어나 흘러가게 만든다. 기원전 1세기에 로마의 시인 루크레티우스는 이런 탈선을 말하면서 한 단어를 내놓았다. 그것은 "클리나멘(clinamen)"이라는 단어이다. 《사물의 본성에 관하여》라는 책에서 루크레티우스는 세상에 대한 노래를 울려 퍼지게 만들었다. 창조주가 없는 세상에서 자연은 끊임없이 스스로를 새롭게 만들어왔다는 것이다. 모든 것은 원자로 구성되었고, 사물과 마찬가지로 우리의 영혼 역시 제 스스로의 무게 때문에 서로를 끌어당기기 때문이라는 것이다.

단지 그러했다. 만약 모든 입자들이 진공 안에서 일직선으로 떨어지는 것이라면, 쉴 새 없이 비 내리는 날 말고는 아무것도 존재하지 않을 것이라고 했다. 그러나 루크레티우스를 인용해 보자면 이렇다. "어떤 불특정한 여러 장소에서 원자들은 길을 이탈한다. 운동성이 변화되었다고 말할 수 있다." 따라서 자유가 가능해지고 시간도 가능해지고 세상도 가능해진다. 그런 이유로 우리는 그리스의 에피쿠로스 철학을 로마식 음악으로 만든 루크레티우스의 유물론적인 시가 어째서 근대인들에 의해 무신론의 지침서로 간주되었는지 그 이유를 이해할 수 있게 된다. 그것은 세상을 탈선하게 만들고 세상의 아귀를 맞추는 경첩들을 삐걱거리게 만드는 위험한 책, 일탈을 조장하는 책이었다.

그런데 바라보자. 마키아벨리가 이 책을 읽고 있다. 그리고 읽어대는 것에 그치지 않고 그것을 베껴 쓰고 있다. 힘들게 부대끼면서 그는 로마의 시를 옮겨 적는다. 책이 흔치 않던 시절에 책에 대한 사랑은 비싼 값을 치러야만 했다. 육신은 책을 옮겨 쓴다는 과업의 고통을 치러야 했고, 등은 휘어졌고 눈은 따가웠기 때문이다. 그의 아버지 베르나르도 마키아벨리의 모습을 다시 떠올려보자. 그는 서적상에게 색인을 만들어준 대가로 티투스 리비우스의 책을 손에 쥘 수 있었다. 그의 아들 니콜로 역시 마찬가지 일을 했으니, 그는 루크레티우스를 옮겨 적었다. 자, 이제 그가 그 일을 마침내 끝마쳤다. 현재 바티칸 도서관에 소장되어 있는 필사본 위에 그는 제 이름을 당당하게 새겨놓았고, 필사본의 서명을 보고 역사가들은 누가 만들었는지 판독해 낼 수 있었다.

책 읽는 자의 어깨 너머로 책을 읽기, 그런 것이 역사가의 일이지 않겠는가? 1497년, 이 시기의 마키아벨리는 채 서른이 되지 않았다. 그는 자신의 삶을 탈선시킬 그런 책을 손에 움켜쥐고 있었다. 그의 철학이라는 것이 결국에는 루크레티우스의 유물론을 정치로 이행시켜 놓은 것이기 때문이지 않겠는가? 로마 시인에 따르면 사물들은 제 고유의 본성을 숨길 수 있는 이미지들을 항상 만들어낸다는 점에서만 존재할 수 있다. 지배하는 것, 아니 지배당하지 않는 방법을 배우는 것, 달리 말해 정치의 실체들을 이해하는 것, 그것은 껍데기의 장막을 찢어버리는 일로 이루어진다. 왜냐하면 장막 뒤에서 작동하고 있는 것들, 그런 것들이 실체이기 때문이다.

그런 실체들에 의해 지배당하는 것을 멈추기 위해서라면 황금시대가 있을 것이라는 믿음을 갖지 않는 게 필요하다. 그런데 "콰트로첸토" 시기의 피렌체 엘리트들은 이런 믿음에 기꺼이 도취하였고, 보티첼리의 그림처럼 크게 부풀어 오른 신플라톤주의라는 그럴듯한 이름으로 그것을 장식했다. 바로 이런 짓거리를 루크레티우스는 전복하기에 이른다. 《사물의 본성에 관하여》 5권에서 루크레티우스는 원시 인류의 근원적 폭력성을 묘사하기 때문이다. "들짐승들이 그러하듯이" 이리저리 떠도는 삶을 질질 끌고 다니며 헤매던 시기로부터 우리는 기원이라는 것에 대한 공포를 유산으로 물려받았다고 루크레티우스는 쓰고 말았다. 마키아벨리는 사람들이 신대륙에 대한 이야기를 자기에게 처음 들려줄 때, 또는 과도한 폭력을 가하지 않고도 사람들의 불화를 제어하고 사람들 사이의 부조화를 조화롭게 만들 수 있는 기술에 토대를 둔 새로운 정치질서를 지닌 세계를 묘사할 때에도 그는 바로 이 대목을 기억하게 될 것이다.

루크레티우스의《사물의 본성에 관하여》는 위험한 책이었는가? 의외로 그렇지 않다. 일부의 역사가들은 포지오 브라치올리니(Poggio Bracciolini), 프랑스어로는 르 포주(Le Pogge)라고 불리는 한 인문주의자가 1417년에 루크레티우스 작품을 발견한 것이 세상의 흐름을 벗어나게 만들어서 갑작스럽게 근대를 향해 달려가게 만들었다고 기꺼이 상상해 왔다. 어째서 이런 생각이 그들에게는 매력적이었는지 우리는 이해할 수 있다. 지식인인 자신들이 소중히 여기는 문학적 경험을 그들은 여러 인간 사회로 확대시킨 것이다. 그러나 인간 사회는 독서의 힘을 지나치게 강조한다. 책은 결코 혁명을 만들어내지 않는다. 책은 우리가 읽어줄 준비가 되어있을 때에만 우리의 동맹자가 된다. 책은 자유의 스승이다. 그렇다. 그렇지만 충분히 자유로운 사람들에게만 그러할 뿐이다.

"아무도 발을 디뎌본 적이 없는 그런 곳을 나는 걸어간다"라고 루크레티우스가 쓴 바 있다. 마키아벨리는《티투스 리비우스의 로마사 논고》안에다 이런 식으로 흉내를 낼 것이다.

아직 아무도 가지 않았던 그런 길을 가려고 결심했다. 그것은 내게 고통과 난관들을 가져다줄 것이다.

어떤 고통이고 어떤 난관이란 말인가? 이제 알아보도록 하자.

행동의

시간

6

홀연히 등장한 사보나롤라

그는 귀를 기울이고 있었다. 매료되어서, 공포를 느끼면서 그리고 아마도 감탄을 쏟아내면서. 1498년 피렌체의 어느 날 마키아벨리는 사보나롤라(Girolamo Savonarola)의 말을 경청하고 있다. 군중들을 자기 말의 무게로 무릎 꿇게 만들었던 이 설교자의 말을 듣고 있다. 군중들은 말의 힘에 의해 어떻게 구속—후에 그가 쓰게 될 표현처럼 "마음을 사로잡히게"—될 수 있단 말인가?* 그런데 계시를 얻었다고 자처하는 이 열정에 찬 도미니크회 수도사는 자신이 하는 예언을 진정으로 믿고 있었을까? "내가 보기에 그는 상황에 자신을

* 마키아벨리는《군주론》6장에서 무장한 예언의 위험성과 실패를 언급한다. 무장한 예언이란 "무력을 사용할 수 있는 것"을 뜻하지만, 동시에 "무력으로 믿게 만드는 것"을 가리키기도 한다고 그는 지적한다.

맞추고 있고, 자기가 한 거짓말들을 치장하고 있다"고 마키아벨리는 기록한다. 이 기록은 우리가 보존하고 있는 마키아벨리의 첫 번째 공적 서한인데, 1498년 가장 뜨거운 사건의 한복판에서 작성되었고, 여기에서 이미 은폐의 정치술은 중요한 과제로 떠오르고 있다.*

지난 4년 전부터 사보나롤라는 피렌체를 다스려왔다. 아니, 그렇지 않다. 그는 자기 이름으로 피렌체를 통치하지는 않았다. 그는 징벌을 가하는 신의 그림자가 도시 위를 떠돌게 만들었다. 왜냐하면 그가 내린 절대적 명령들이 만들어진 곳은 바로 하늘이기 때문이다. 교회가 매질을 당해야 하고, 사회가 개혁되어야 한다고 그는 공포할 것이다. 개혁되어야 한다고? 이 말을 제대로 이해하면, 그것은 개종을 의미

---

* 1521년 5월 17일 프란체스코 귀차르디니에게 보낸 서한에서 마키아벨리는 "내가 생각하고 있는 것을 나는 말하지 않으며, 내가 말한 것이라도 내가 그것을 생각한 것은 아니다. 가끔씩 내가 진실을 말하게 되더라도 나는 그것을 수많은 거짓 속에 숨겨서 말하기 때문에 그것을 알아차리기란 매우 힘들다"라고 쓰고 있다. 마키아벨리에 따르면 군주는 말을 자유롭게 조작해서 민중의 상상력을 잘 이용하는 자이어야 한다. 민중이 자신을 존중하게 만들기 위해서 군주는 모든 미덕을 갖추었음을 '보여주는' 것이 필요한데, 이것은 군주가 평범하지 않은 자기 통제력을 갖추어야 한다는 것을 의미한다. 거짓을 말할 수 있으면서도 동시에 말해진 거짓을 스스로 믿어야 하기 때문이다.

한다. 그런데 개혁을 약동시키겠다는 결심을 정당화하는 것은 언제나 죄를 범했다는 따가운 인식인 법이다.

대체 무슨 일이 벌어졌단 말인가? 회개자들, "울부짖는 자들"이 도시를 누비고 다녔으며, 그들을 상대로 사람들이 "분노한 자들"이라고 부르는 사보나롤라의 적수들이 도로 곳곳에서 주먹질을 해댔다. 미온적인 자들을 위한 자리는 단연코 없었다. 부모가 훌륭한 기독교인이 아니라면 부모를 고발하라고 자식들에게 강요했다. 사보나롤라는 모든 맹신의 가장 큰 원인인 이런 사이비 신앙인들에 맞서는 책임을 맡았다. 그는 허영의 화형대(Falò delle vanità)에 불을 붙여서 아름다운 여인네들과 과도하게 화려한 교회의 장식들을 불태우라고 명령을 내렸다. 사람들은 소곤거렸다. 심지어 〈비너스의 탄생〉을 그린 화가 산드로 보티첼리가 끌려와서 몇몇 그림들을 거기에 제물로 바쳤노라고.

그런 일이 벌어졌단 말인가? 아니다. 언제나 그렇듯이 정치적인 일이 벌어진 것이다. 페라라의 의사 가족 출신인 지롤라모 사보나롤라 수사는 탁월한 인문주의 교육을 받았지만, 그는 이것을 세상에 대한 증오로 바꾸어버렸다. 당시 이탈리아에는 이 마을 저 마을을 떠돌아다니면서 미래를 검은 색으로 능수능란하게 색칠하며 사람들을 도취시키는 '종말론' 예언자들의 장터가 있었다. 위대한 로렌초는 그런 장터를 피렌체에 받아들이면 거기에서 무언가 득을 얻게 될 것이라고 생각했다. 그러나 1492년에 닥친 그의 갑작스런 죽음은 불안과 공포의 시대를 열어젖히고 말았다.

산 마르코 수도원(Convento di San Marco)에서 들려오는 사보나롤라의 말은 이런 공포의 그늘을 드리웠다. 공포는 그를 부추겨서 단 하나의 과녁만을 말하게 만들었다. 전쟁이 닥쳐오고 있다는 것이다. 이 전쟁은 다른 지역에서 온 원수의 얼굴을 하고 있을 것이라고 그는 말했다. 그리고 실제로 그의 예언은 현실이 되었다. 1494년 알프스 건너편에 있던 프랑스 국왕 샤를 8세가 산을 타고 넘어와 이탈리아 전체를 뒤죽박죽으로 만들고 만 것이다. 정복자들 앞에서 메디치가는 줄행랑을 쳤고, 그래서 정치라는 것이 텅텅 비어버린 것을 누구라도 보게 되었다. 메디치 사람들은 피렌체 자치정부의 공화정 체제가 무르익던 한복판의 심장에 구멍을 내고 그 안쪽을 도려낸 것이며, 특히나 공화정을 무력하게 만들어버린 자의 이름, 즉 전제군주라는 이름을 발설하기를 꺼려했다.

요즘 사람들은 종교가 빈틈을 꿰차고 들어가 그 빈 공간을 차지하고 정치를 대신해 버린 이 시기를 가리켜 약간은 경솔하게 신정정치라고 부른다. 그러나 정치가 완전히 붕괴된 것은 아니었다. 예언자들은 미래를 말하면서 현재에 영향을 끼쳤다. 1498년 5월 22일 해 질 무렵 사보나롤라는 "신에게로 빠르게 달려갈 모든 것들이 이 땅에 더 오래 머무를 수도 있다"라고 재판관들에게 예언했다. 정확한 말은 아니었다. 그 모든 것들이 내달릴 수도 있었기 때문이다. 다음 날 그는 사형에 처해졌다.

7

정치에 뛰어든 젊은이

만약 당신이 피렌체의 시뇨리아 광장(Piazza della Signoria)을 방문하게 된다면 기념판 하나를 보게 될 것이다. 그것은 사보나롤라가 처형당한 장소를 가리킨다. 그곳, 군중들이 물밀듯이 몰려드는 시민광장 한복판에서 지난 4년 동안 예언의 말로 도시를 지배했던 한 설교사가 목이 매달린 채 화형에 처해졌다. 아마도 몇 주 전부터 그를 위해 허영의 화형대에 불을 붙였을 아이들이 아르노강에 그의 유해를 뿌렸다. 1498년 5월 23일의 일이다. 그런데 잘난체하는 자들을 기꺼이 깎아내리는 눈이 먼 여신, '운명'의 수레바퀴가 얼마 전부터 축을 중심으로 이미 빙빙 돌고 있었다.

동맹과 음모와 계략의 회귀. 사보나롤라의 몰락을 부추겼던 자잘한 사건들은 별로 중요하지 않았다. 마키아벨리는 그중 단 하나만을 눈여겨보았다. 로드리고 데 보르자(Rodrigo de Borja) 출신의 교황 알렉산데르 6세가 서로 입장이 달랐던 제 적수들의 무리를 간신히 그러모아 연합전선을 만드는 데 성공했을 때, 지롤라모 사보나롤라 수사는 전쟁을 거부했다. 더 좋지 않았던 것은 평화로운 기독교 공화국이라는 이상에 집착했던 그는 손 놓고 무력하게 있기를 원치 않았던 자들에게서 폭력의 걸쇠를 풀어버리고 말았다. 마키아벨리는 후에 《군주론》에서 깔끔한 한마디로 운명의 뒷면과도 같은 이것에 대해 새겨놓았다. 사보나롤라는 무력한 예언자였다라고.* 마키아벨리로서는 사보나롤라가 정치적 목적을 내려놓아야 했던 바로 그 자리에서 그때까지 해결되

* 마키아벨리는 사보나롤라와 예언에 대하여 일반적으로는 극도로 부정적인 판단을 내린다. 그러나 정치적, 역사적, 철학적 차원에서 말할 때의 그는 예언에 대해 독특한 입장을 드러내기도 했다. 예를 들어 《군주론》 6장에서 모세와 같은 예언자이자 법률가는 자신들의 예언에 무력을 덧붙임으로써 정치력을 확보할 수 있었다고 주장한다. 또한 《로마사 논고》 1권 56장에서는 예언이 하늘의 징조들을 해석하는 능력이며, 신의 질서를 알고 그 길에 들어설 수 있는 지식은 신의 언어를 말하는 것에 달려 있다고 언급한다. 그래서 그는 같은 책 1권 56장에서 사보나롤라를 때로는 중요한 사상가로 간주하기도 한다. 그러나 전반적으로 그는 사보나롤라를 무장하지 않은 예언가라고 비판하면서 모세가 성공을 거둔 곳에서 사보나롤라와 소데리니는 몰락하고 말았다고 판단한다.

지 않고 있던 문제들, 즉 지도자의 문제, 군사력의 문제, 위기상황이라는 문제들을 일으켜 세워 다시 붙들어놓는 것이 필요했을 것이다.

그런데 마침내 그런 순간이 다가왔고, 기회가 모습을 드러냈다. 피렌체 정치체제의 최고기관인 '평의회(Consiglio maggiore)'를 설립하면서 사보나롤라가 '공화정'을 복원시켰기 때문이다. 마키아벨리는 거기에 소속되지는 않았지만 여러 자리들이 공석으로 남아있었다. 숙청이 시작되었기 때문이다. 누가 사보나롤라 지지자들을 대신해서 서기장직을 차지할 것인가? 마키아벨리는 29살이었고, 정치적 경험도 전무했지만, 몰락한 체제에 연루되어 있지는 않았다. 그의 아버지는 피렌체 수석서기장이었으며 명성이 자자한 인문주의자 바르톨로메오 스칼라(Bartolomeo Scala)의 가까운 친구였다. 니콜로 마키아벨리는 신분이 높지도 않았고, 고등교육을 받지도, 그런 높은 직위에 오르기 위한 어떤 정치적 인맥도 없었지만, 평의회 제2서기국 서기장 자리를 그가 굳이 거절할 필요는 없었다. 보수도 변변치 않았고, 위세도 별 볼 일 없었지만, 지금의 우리는 그것이 매우 전략적이었다고 말할 수 있을 것이다. 그것은 마치 은밀하면서도 영향력 있는 무언가 막중한 자리였다.

그는 피렌체 정부의 모든 동맹들과 일상적 관계를 유지하면서 대중을 선동하는 여론들 안에서 무엇이 꿈틀거리는지 감시하는 일을 맡았다. 바르톨로메오 스칼라는 습관적으로 마키아벨리 부친에게 종종 "그 자리는 민중의 배수구야"라고 말하곤 했다. 인간 열정의 가장 밑바닥까지 내려가고, 곰팡내 나는 정치 냄새에 코를 틀어막지 말아야 했다. 마키아벨리가 후에 "나랏일"이라고 부르게 될 것이 그에게는 하나의 직업일 뿐이었다.

1498년 6월 19일, 사보나롤라를 처형한 지 3주째 되던 날, '평의회'는 마키아벨리에게 새로운 자리를 부여했다. 그는 1512년까지 자기를 뒤따르게 될 소규모 조직에 둘러싸이게 되었다. 이 조직의 그 누구도 서른 살을 넘지 않았다. 그들은 법률가와 뛰어난 문인들이었다. 무엇보다도 그들은 일, 권력, 우정에 굶주린 자들이었다. 15년 동안 피렌체 시민의 삶을 오랫동안 꼼짝달싹 못 하게 만들었던 교부회의 관습을 이 유쾌한 부대가 뒤집어엎으면서 음탕한 농담과 정부의 비밀 같은 모든 것을 공유하게 될 것이다.

한 정치체제의 특징은 결정권을 행사하는 사람들의 나이에 의해 규정될 수도 있다. 지중해를 끼고 있는 궁정의 젊디젊은 호사로움 뒤에서 노쇠한 정부가 권력의 고삐를 단단히 쥐고 있었지만, 이제 힘이 빠지고 만 그들은 마침내 그것을 놓아버렸다. 누군가가 그것을 다시 붙잡아야 하는 순간이 도래한 것이다. 한참 후에 마키아벨리는 거기에서 "운명을 유혹하라, 그녀는 젊은 청년들의 애인이다. 그리고 시대에 맞춰 변화하라"*라는 자신의 좌우명을 가져오게 될 것이다. 때가 돌아왔고, 마침내 모든 것이 시작되었다.

---

* 《군주론》 25장에서 언급하였다. 마키아벨리는 운명이 인간 삶의 모든 것을 지배한다는 생각을 지닌 사람들에 동의하지 않으며, 그 이유로 인간의 자유의지를 제시한다. 운명은 인간 삶의 반만 지배하고 나머지 삶의 운영은 인간에게 맡겨져 있다는 것이다. 이점에서 그는 인간의 자유의지는 인간 자율성의 기호이며, 그 덕분에 인간은 변덕스러운 우주의 희생물로 남지 않게 된다는 전통적인 인문주의 정신을 계승하고 있다고 말할 수 있다. 게다가 인간의 자유의지는 자신이 살고 있는 어떤 특정한 역사적 현실에 영향을 끼쳐야 한다고 주장한 측면에서 그가 기독교 인문주의의 초월성을 따르지 않는다고 말할 수 있다. 그가 강조한 자유의지에는 신적인 요소가 없으며, 그것은 전적으로 인간의 정신과 성격을 형성한다. 나아가 그는 자유의지를 개인적 차원에서 고려하기보다는 오히려 그것에 집단적 성격을 부여한다. 자유도시의 자율성이나 자치성은 타국의 법에 의해 통제를 받아서는 안 된다는 것이다. 이점에서 보면 그가 파악한 자유의지는 단일한 정치적 독립체로서의 면모를 지닌다고 할 수 있다. 타국의 영향으로부터 독립성을 회복하기 위해 시민으로 구성된 뛰어난 군대와 군인들, 실전에서의 전략, 뛰어난 군인의 리더십 그리고 높은 수준의 공공도덕이 중요하다. 따라서 자유를 보장하는 법이 필요하고, 대중은 제정된 법과 제도를 존중하는 시민으로서의 미덕을 지녀야 한다는 것이다.

8

여행

"집 밖으로 나가서 주변 사람들을 관찰해 보시오." 1503년 편지에는 이렇게 적혀있었다. 자유정신의 이름으로 피렌체 공화정의 군사작전을 결정하는 열 명의 행정관들, 즉 "자유와 평화의 10인(Dieci di libertà e Pace)"에게 마키아벨리는 이렇게 편지를 띄웠다. 여행에 대한 초대였던가? 그들의 결의를 뒤엎기 위한 당찬 권고라고 하는 게 나을지도 모르겠다. 여행을 떠나시라, 환경을 바꿔보시라, 아늑한 자리에서 벗어나시라, 깊이 뿌리내린 만족스러운 평온과 결별하시라. 저 먼 곳에서 그대는 다른 것을 보게 될 것이고, 당신이 세상사를 다루고 있는 이곳이 어떤 곳인지를 알게 될 것이다. 르네상스 화가들이 원근법이라 부른 것이 바로 그런 것이지 않겠는가?

이제 집 밖으로 나가서 주변 사람들을 관찰해 보시오. 살아있는 당신보다는 오히려 당신의 죽음을 원하는 둘 혹은 세 개의 도시들 사이에 당신이 갇혀있다는 것을 알게 될 것이오. 저 멀리 가보시오. 토스카나를 벗어나서 이탈리아 전체를 바라보시오. 프랑스 국왕, 베네치아, 교황, 그리고 체사레 보르자의 세력에 굴복한 이탈리아를 보게 될 것이오.

토스카나에서 피렌체를, 이탈리아에서 토스카나를, 유럽에서 이탈리아를, 그리고 좀더 넓은 이 세계에서 유럽을 바라보는 것이 어째서 안 된단 말인가? 마키아벨리는 서기국에서 아고스티노 베스푸치(Agostino Vespucci)와 함께 일했는데, 그의 형인 아메리고(Amerigo)는 항해사이자 지리학자였으며 후에 자신의 성—정확하게는 이름—을 신대륙에 부여하게 될 것이다. 이해하셨는가? 시선의 환경을 바꿈으로써 기대할 수 있는 것은 무엇보다도 권력관계를 그린 지도라는 것을.

마키아벨리는 대사라는 직위에 올라가 본 적이 없다. 외교관으로 일을 하게 되었어도 그는 피렌체 정부를 대표하지 않았으며 협상에 나설 수도 없었다. 그러나 관찰하고 토론하고 비교했다. 편지에서 "발렌티노 공작"이라고 불렀던 교황의 아들 체사레 보르자를 로마냐에서 수행하면서 그는 빠른 결단력, 주변 사람들을 기겁하게 만드는 기술, 일말의 거리낌도 없이 정치적 폭력을 행사하는 방법 등을 배웠다. 두 번이나 방문했던 로마에서 그는 알게 되었다. 교황의 과도한 권력이 전 세계를 지배하는 권력이라는 정신적 자만심을 추호도 버리지 않고 마치 속세의 군주-전사처럼 행동하는 순간부터 이탈리아 전체를 불안정으로 떨어뜨릴 수 있다는 것을. 〈독일 외교보고서〉에 따르면 막시밀리안 1세 황제의 궁정은 교황에게 지상의 절대 권력에 대한 생각을 불어넣어 주었다. 하지만 그가 그런 권력을 만나게 된 곳은 프랑스에서였다.

1500년, 1504년, 1510년 그리고 1511년 등 네 번에 걸쳐 마키아벨리는 국왕 루이 12세에게 파견되었다. 당시에 프랑스 군주제가 누렸던 어마어마한 영향력을 오늘날 가늠하기란 쉽지 않다. “비옥하고 풍요로운” 땅, 물샐틈없는 세금강제징수, 자유라는 오래된 전통에도 전혀 약화되지 않는 군주권력에 복종하는 오랜 관습. 바로 이런 것들이 마키아벨리에게 충격을 주었다. 그가 보기에 가장 엉뚱했던 것은 프랑스인들이 자기네 국왕을 좋아하는 것처럼 보였다는 점이었다.

이 피렌체 사람은 1500년에 루이 12세 궁정에 처음 특사로 파견되었을 때 제대로 대접을 받지 못했다. 그는 하릴없이 시간을 보냈고 멸시를 당했으며 아무도 그의 말을 들어주지 않았다. 처음에 그는 이 대신들이 "자기네 권력에 눈이 멀었다"고 분개했다. 그러고 나서는 프랑스 국왕이 "군대로 무장하였거나 무언가 나눠줄 것이 있는 자들만을 알아준다"는 것을 이해하게 되었다. 그는 피렌체 상관들에게 이런 편지를 보냈다. "참으로 송구하지만, 이곳 사람들은 당신네들이 별거 아니라고 생각한다"고. 게다가 마키아벨리는 그들의 눈에 단단히 박히도록 "pro nihilo"*라는 라틴어를 사용했다.

"전쟁에 전혀 귀를 기울이지 않는다"고 자신을 비난한 이 오만한 프랑스인들에게 마키아벨리는 한참 뒤에 《군주론》에서 "권력이라는 것에 전혀 귀를 기울이지 않았다"고 응수하게 될 것이다.** 그렇지만 당시의 그는 정치적 교훈을 위해서 이런 모멸들을 착착 쌓아둘 수밖에 없었다. 여행을

---

* 정확히 옮기면 '아무짝에도 쓸데가 없다'라는 뜻이다.

** 마키아벨리는 《군주론》 3장에서 교회권력이 정치권력에 비해 막강해지는 것을 프랑스인들이 방치함으로써 결국 교회가 정치를 압도하게 만들었다고 비난한다.

한다는 것은 환경을 바꾸는 훈련이다. 또한 그것은 절제를 관리하는 법이기도 하다.

9

언어의 날카로움

여행하고 글쓰기. 이런 식으로 마키아벨리는 "통치술을 익혔다". 보러 가기 그리고 직접 자리를 뜰 수 없으면 결코 지치지 않는 여행자라고 불릴 수 있는 외교행랑들을 여러 상대방과 교환하기. 1498년에서 1512년에 이르는 15년 동안 피렌체 서기국 비서는 수많은 공문과 보고서 그리고 특사서한을 유럽 여러 곳에 발송하려고 작성했다. 그의 서한 뭉치는 급변하는 정치 "템포(tempo)"의 파도가 때때로 밀어닥쳐 만들어낸 풍랑과도 같았다. 당시에 그는 소식을 들려주고 수집하고 질문하고 의도를 떠보기 위해 하루에도 수차례 펜을 들거나 혹은 급하게 받아 적게 했다. 그러지 않을 수 없었으며, 가끔은 세세한 것이 지닌 힘이나 이야기의 활력에 자신이 떠밀려가게 내버려 두기도 했다. 그래서 글쓰기의 어조는 고양되었고, 문체를 고약하지만 또한 유쾌하게 만들어주는 아주 예리한 문장들을 새겨놓았다.

정치언어라는 단검을 행동이라는 불 속에 던져 넣어 더 예리하게 만드는 것, 그리고 단번에 내리쳐야 할 때는 휘두르는 동작이 무뎌지지 않게 하는 것, 바로 그런 것이 진정으로 중요했기 때문이다. 역사가들은 15세기 이탈리아가 외교라는 것을 고안해 냈다고 말한다. 상호간 권력의 균형을 유지하기 위해 반도의 소공화정 차원에서 공들여 다듬어진 이 외교술들은 다음 세기에는 유럽 전체로 확대되어 갈 것이며, 그리하여 전쟁과 평화의 물고 물림 속에서 이탈리아를 더 위대하게 만들 것이었다.

마키아벨리는 두 세기가 서로 접하게 되던 시기에 이런 흔들림을 경험했다. 그는 하나의 전통을 물려받아서 그것을 앞으로 내던지고 확장시켰다. 그것은 외교대사라는 전통이지만, 또한 그것은 당시에 협상의 공용어로 이탈리아어를 취한다는 전통이기도 하다. 마키아벨리가 이런 말하기 방식을 처음으로 고안해 냈다고 상상할 필요는 없다. 또한 지도층 시민들로 구성된 비공식 모임에 자문을 요청한 주요 사안들에 대한 보고서를 작성하는 것—현재 이에 관한 수많은 자료들이 보관되어 있다—역시 그의 일이었다. 따라서 그는 사람들 사이에 오가는 말의 음역에 자신을 맞췄고, 박자에 귀를 기울였으며, 그것의 파동을 음악으로 만들어내면서 정치언어와 같은 무언가를 들려주었다.

매우 빠르게 진행되는 이런 언어사용을 소개하면 다음과 같다. 그것은 활력이 매우 넘쳐나서 마키아벨리가 후에 "사물의 실제적 진실"*이라고 부르게 될 것을 향해 앞으로 치고 나간다. 그 속도감은 단번에 그리고 천둥 같은 소리를 내는 그의 첫 번째 공적인 글에서부터 감지될 수 있다. 이 연설은 1499년 5월, 피렌체의 영원한 맞상대인 피사(Pisa) 사건과 관계된다. 어찌할 것인가라고 질문을 던지는 그의 말을 들어보자.

> 우리의 자유를 지켜내기 위해 피사를 다시 손에 넣을 필요가 있다는 것, 그것을 아무도 의심할 수는 없으며, 당신들이 이미 알고 있는 이유가 아닌 다른 이유들을 들이대면서 당신들에게 그래야만 하는 이유를 입증하지는 않겠다. 그런 목적을 달성하는 혹은 달성할 수 있는 방법들, 그것들은 무력이 될 수도, 사랑이 될 수도 있으며, 달리 말해 피사를 함락해서 손에 넣거나 아니면

* 《군주론》 15장에서 마키아벨리는 이 표현을 사용했다.

> 이 도시가 자발적으로 우리 손아귀에 들어오게 만드는 방법들만을 나는 찾아보겠다.

마키아벨리는 말을 이어간다. 사랑이 더 바람직하다. 그러나 무력사용 역시 이따금씩 불가피하다.

> 따라서 무력이 결국엔 필요하다면, 그것을 지금 사용하는 것이 나은지 아닌지 여부를 따져보아야 할 것이다.

그런데 만약 지금이라면? 그러면 다시 결단을 내려야 한다.

> 피사를 손아귀에 넣어야 한다. 함락해서든, 아니면 굶주리게 만들어서든, 아니면 성벽 아래에 포병을 주둔시켜 급습을 하든지 간에.

이런 식으로 가능성의 갈래들을 연속으로 늘어놓으며—'~ 하든, 아니면 ~ 하든'—그의 글은 이어진다. 이런 리듬이 귀에 들리시는가? 바로 이것이 자기 언어에 속도감과 결단력을 부여하는 마키아벨리식 "템포"이다. 결단을 내리는 것, 그것은 한칼로 베어버리는 것이다. 그렇지만 한칼로 베기 위해서는 양자택일식으로 말할 수도 있어야 하는 것이다.*

* 마키아벨리의 이런 글쓰기는 '운명'에 관한 관점과도 상통한다. 운명이 일관되지 않기 때문에 이를 이용하고 통제하는 '비르투(virtù)'가 군주에게 필요한 것과 마찬가지로 모든 세상사는 유동적이다. 따라서 이를 지배하기 위해서는 역시 비일관적이고 우연적인 태도가 '필요'하다. 마치 군주가 선을 베풀기 위해 무력을 사용해야 하는 것과도 같다. 그의 글쓰기 방식은 매 순간 요구되는 '필요의 통치'에 대한 관점을 반영한다.

10

쿠데타

살아가면서 마주친 정치가들로부터 언제나 기만당했다는 것, 그것이 마키아벨리에게는 행운이었다. 요컨대 그가 만난 사람들 중 그 누구도 상황을 통제할 만한 높은 곳에 있지 않았으며, "시대의 특성"이 요구하는 명확함, 민활함, 단호함을 가지고 행동할 준비도 되어있지 않았다. 권력자들에게 지식인들이 느낀 매력이 도덕과 문학에게 어떤 추락의 대가를 치르게 만드는지 생각해 본다면, 그것은 어떤 면에서는, 그렇다, 행운이었다. 찬미할 대상을 발견하는 바로 그 순간부터 지식인들은 지성의 측면에서는 패배한 것과 다르지 않기 때문이다.

마키아벨리는 예찬할 만한 군주들을 찾았지만 그런 자들을 발견하지 못했기 때문에 글로 만들어진 한 "군주"를 고안해 내야만 했다. 그런데 당시 사람들은 허구라는 것이 역사를 만드는 데 실패한 권력자들의 사라져 버리고 마는 유령들에 비해 훨씬 더 또렷하다는 말을 부단히 해대기도 했다. 지금 누가 피에로 소데리니(Piero Soderini)를 기억하겠는가? 이 피렌체의 사법행정관은 피렌체 공화정의 권력자였으며, 마키아벨리의 후원자였다. 이 사람은 "끈기 있고 사려 깊었지만"—마키아벨리는 후에 이렇게 쓰게 된다—인내심이라는 것이 서두르지 않는 것이라기보다는 다가온 적당한 순간을 가로채서 온전히 제것으로 삼는 것을 가리킨다면, 그의 정치적 인내심은 반대로 우유부단하거나 매우 굼떴다. 소데리니는 공화정 주변을 어슬렁거리는 위험을 알아차리지 못했으며, 자신의 적수들에 맞서기 위해 군대를 무장하지도 않았고, 결국 1512년에 마키아벨리는 이 사람을 자신이 그토록 열렬하게 지지했던 체제의 몰락을 초래한 장본인으로 간주하게 된다. 10년이 지난 1522년 그가 사망했을 때 마키아벨리는 그에게 잔인한 풍자시 한 편을 바친다. 소데리니의 영혼은 '지옥'의 문 앞에 서있다.

> 여기가 지옥이냐고? — 플루톤이 소리쳤다 — 가련한 얼간이 같으니라고,

자, 다른 애새끼들과 함께 지옥의 고성소(古聖所)로 올라오라.*

무대의 막이 내려왔다. 패배자들에 대한 한 치의 연민도 없었다. 마키아벨리는 1503년에 체사레 보르자가 무대를 떠나갈 때를 묘사하면서도 마찬가지로 한 치의 연민도 드러내지 않았다. 한때 그는 체사레의 잔혹한 소극장에 흥미를 느끼긴 했지만, 그 이후로 역사의 무대는 피렌체나 로마냐가 아닌 다른 곳으로 옮겨져 설치되었다. 신성로마제국, 프랑스왕국 그리고 교황 율리우스 2세가 1511년에 무대로 다시 올려 보낸, 스페인 같은 유럽의 군주세력들이 조만간 이탈리아 안에서 서로 맞부딪치게 되는 그런 화려한 공연이 상연될 준비를 갖추고 있었다.

그렇게 모두가 짐을 꾸렸다. 1512년 4월 11일, 프랑스 국왕 루이 12세는 라벤나에서 아주 값비싼 승리를 거뒀지만

---

* 지금까지 마키아벨리의 시 작품을 보잘것없는 것으로 간주하는 경향이 있어왔다. 그러나 그는 정치권력과 상상력의 결합이 필요하다는 것을 강조하며, 언어가 다양한 의미를 함축하고 있다는 사실은 한결같지 않은 정치상황에 적응하는 방식이 다양하다는 점과 연관된다고 파악한다. 그래서 상상력(fantasia)이 모든 사물의 다양성을 간파하고 묘사하게 만드는 시인의 '비르투'로 고려될 수 있다고 그는 판단한다.

그로 인해 이탈리아를 포기하지 않을 수 없었다. 동맹국들과 함께 그는 피렌체에 메디치 권력을 복원시키려고 결심했다. 9월 16일 메디치 가문의 지지자들이 시뇨리아 궁을 점령하고, 피렌체 공화정의 심장부인 '평의회'를 해산시켰다. 이 쿠데타는 자유를 열망하는 젊은 귀족들의 결탁을 초래했지만, 무질서했다. 서툴러서 그랬던가 아니면 어떤 조종이 있었던 것인가? 여하튼 일부 사람들이 공모자들의 명단을 돌렸고, 그 가운데 마키아벨리라는 이름이 적혀있었다.

그렇게 모든 것이 끝나고 말았다. 그는 책무를 박탈당했고, 투옥되었으며, 여러 차례 고문을 당했다. 심지어는 사형에 처해질 뻔했지만 목숨을 구하게 된다. 1513년 3월 11일 훗날 레오 10세라는 이름으로 교황이 될 젊은 추기경 조반니 디 코시모 데 메디치(Giovanni di Cosimo I de' Medici)의 선출 뒤에 조성된 애국적인 화합의 뜨거운 분위기 덕분이었다. 마키아벨리는 유배에 처해졌고, 자신이 "운명의 짓궂음"이라고 칭한 그런 것의 희생자가 되었다. 그것은 이탈리아인들이 "재앙(disastro)"이라고 부른 사악한 별을 말하는 것이었을까? 겁에 질린 아이의 눈을 하고서 하늘을 바라볼 때가 아니었다. 재앙을 벗어나서 정치판 안으로 되돌아갈 수단을 발견하기 위한 행동을 해야만 했다. 그런데 어떻게 해야 한

단 말인가? 책이라는 것이 복수를 도모하는 그에게 다시 한 번 도움을 줄 수 있을 것인가?

재난 이후

11

유배자의 편지

“시골에 와있다. 최근 내게 연이어 벌어진 일들을 겪고 난 후에 기껏해야 다 합쳐 스무 날을 피렌체에 머물렀을 뿐이다.” 1513년 12월 10일 마키아벨리는 친구 프란체스코 베토리(Francesco Vettori)에게 이렇게 편지를 썼다. 이 유배의 편지는 그의 패전 수첩과 같다. 공화정의 몰락에 도장을 찍어 버렸던 메디치 가문이 되돌아오면서 권력에서 멀어지게 된 마키아벨리는 패배자였다. 그래서 그는 글을 썼고, 부단히 글을 써나갔다. 공격으로부터 자신을 보호하기 위해서가 아니라—그것은 너무 늦었다—그런 공격이 다가오고 있음을 보지 못한 이유를 사후에라도 이해하기 위해서였다.

그런데 내 삶이 어떠한지 들려주어야겠다. 아침에 해가 뜨면 자리에서 일어나 나무를 베어놓으라고 시켰던 숲으로 가서 지난 밤새 내내 해낸 일들을 두 시간 남짓 바라보면서 자기들끼리 혹은 이웃과 함께 하면서 언제나 팔다리에 불만을 달고 사는 나무꾼들과 시간을 보낸다. 이 숲과 관련해서 내게 일어난 수많은 멋진 일들을 들려줄 수 있을 것으로 보인다.

수많은 멋진 일들, 그렇다, 문학작품에 대한 그의 기억들이 밝게 비춰주기 때문이다. 그는 풍경을 바라보면서 페트라르카를 떠올린다. 겨드랑이에 시집 한 권을 끼고 그는 멀리 걸어간다.

숲을 벗어나면 샘으로 가는데, 그곳은 내 사냥터이기도 하다. 단테나 페트라르카의 책 한 권을 챙겨 간다.

자, 그런 후에 그가 돌아오는 모습을 보라.

그러면 주막으로 가는 길로 접어드는데, 행인들과 대화를 나누면서 새로운 소식이 있는지 묻기도 한다.

마키아벨리는 사냥꾼이다. 자기 아닌 타인의 삶을 뒤흔들어 버리는 인간 열정의 작동 방식을 관찰하기 위해 그는 언제나 매복한다. 공동체 안에 갈등을 불러오는 것이 정치가 아니라면 대체 그것을 어디에서 찾을 수 있겠는가? 주막에는 "백정과 방아꾼과 두 명의 가마꾼이 있는데, 해가 저물 때까지 그들과 어울린다, 카드게임과 장기를 두면서, 그러다 보면 말로 싸우게 되는 수많은 순간들과 셀 수 없는 짜증이 생겨나고 결국엔 욕설로 끝나고 만다."*

그렇게 다가온 저녁은 마키아벨리에게는 오래된 책들 안에 모습을 숨기고 있는 친구들을 방문하러가는 시간이기도 하다. 한참 전에 죽은 그들은 살아있게 만들어준다. 그들에게도 우리는 소식을 물을 수 있다. 그러나 그러기 위해선 약간의 불편함을 감수하고 마음을 단장해야 한다. 그래야만 장중하게 고대 작가들과 대화를 시작할 수 있다.

> 해가 떨어지면 집으로 돌아와 서재로 들어간다. 진흙범벅이 되어버린 헝겊으로 누빈 일상복을 문턱에다 집어던지고 국왕이나

---

* 이런 언급은 마키아벨리의의 현실에 대한 민감한 인식을 드러낸다. 그는 이상적인 삶이 아니라 현실 자체에 관심을 갖는다. 현실 안에서 갈등이 발생하는 것을 피할 수 없다면, 일상의 인간들 사이에서 초래되는 이런 갈등의 근원을 찾는 것이 중요하다는 생각이 언제나 그에게 있었다.

교황의 궁정에나 어울릴 만한 옷들로 갈아입는다. 마땅히 그래야 한다는 듯이 그렇게 옷을 차려입고는 고대 작가들의 오래된 궁정 안으로 들어가 그곳에서 사랑 가득한 그들의 환대를 받으며 "오직(solum)" 나만의 것이기도 하고, 내가 세상에 나온 목적이기도 한 요리들로 배를 채운다. 거기에서 그들과 대화를 나누고, 그들이 그런 식으로 행동한 이유를 물어보는 것이 부끄럽지 않다. 그들은 인간미 넘치게 내게 답을 해준다. 네 시간 내내 어떤 고민도 느끼지 않게 되고, 별거 아닌 온갖 근심을 잊게 되고, 가난을 두려워하지 않게 되며, 죽음마저 나를 불안하게 만들지 않는다.*

한쪽에서 다른 쪽으로 건너가는 것에 대한 이보다 더 멋진 찬양은 없다고 여겨진다. 그것은 고독에 전혀 집착하지 않으면서도 군중을 헤쳐나가고, 살아있는 자들과 죽은 자들을 향해 인간 공동체의 범주를 확장시켜 나가는 정중하면서

---

* 마키아벨리는 고대의 사례들에서 현재의 문제를 해결하기 위한 답을 찾을 수 있다고 생각한다. 그는 과거의 경험들을 "현재 우리가 하는 행동의 주인"으로 간주한다. 왜냐하면 세상은 동일한 열정을 가진 사람들이 취하는 동일한 방식으로 가득하기 때문이다. 그가 티투스 리비우스의 《로마사 논고》를 번역한 이유이기도 하다.

도 경쾌한 방식이다. 나랏일로부터 강제로 멀어지게 된 이후에 "자기 머릿속을 점령해 버린 곰팡이"로부터 어떻게 벗어나게 되었는지 들려주기 위해 마키아벨리는 1513년에 한 친구에서 보낸 편지에서 이런 식으로 말을 했다. 아! 잊을 뻔했다. 그는 친구에게 자신이 방금 소책자 한 권을 끝냈다는 것도 알린다. 책 제목은? 당연히 잘 알려져 있다.《군주론》이다.

12

《군주론》을 어떻게 읽을 것인가?

그런데 만약, 아주 간단히 말해서, 그가 지적인 속물(un salaud)이라면? 장 폴 사르트르가 이 어휘에 부여한 그런 의미라면, 당연히, 나는 받아들이지 않을 것이다. 속물은 비열한 놈과는 달리 자기존재가 세상이 돌아가는 데 반드시 필요하다고 믿는다.* 마키아벨리는《군주론》을 단지 행동을 취하지 못한 자신을 위로하거나 원수들에게 복수하기 위해 쓰

* 〈구토(La Nausée)〉에서 사르트르는 세속적 권력을 탐하는 부르주아를 비난하기 위해 이 용어를 사용한다. 부르주아는 부르주아로서의 위상을 지키려고 하며, 부르주아 가정에서 태어난 아이는 자신이 부르주아로 존재할 권리가 있다고 확신한다. 그는 자신의 존재가 세상에서 어떤 중요성과 유용성을 지녔다고 생각하는 자이다. 따라서 자신의 삶이 흔한 세상사처럼 우연적이지는 않다고 생각한다.

지는 않았다. 결코 그렇지 않았다. 그는 정치판 안으로 다시 들어가려고 애를 태웠고, 《군주론》의 헌사에서 쓰고 있듯이 "이 시대의 세상사에 대한 오랜 경륜과 고대 작가들에 대한 부단한 독서"에 토대를 두고 있는 그런 통치술을 사용할 수 없게 된 것에 크게 화가 나있었다.

당대의 권력자들로부터 호의를 끌어내려는 모든 준비를 그가 하고 있었던 말인가? "니콜로 마키아벨리가 위대하신 로렌초 메디치 님께 경의를 표하며"와 같은 의외의 헌사를 읽어보면 그렇다고 믿을 수 있을지도 모르겠다. 이 사람은 교황 레오 10세로부터 1513년 여름에 피렌체의 통치권을 이양받은 로렌초 디 피에로 데 메디치(Lorenzo di Piero de' Medici)이다. 마키아벨리는 자신을 실각시켰고 공화정의 몰락을 초래한 장본인인 메디치가 사람에게 대체 어떻게 자신을 천거할 수 있었단 말인가? 그 정도로 그는 자신의 맹세를 저버렸단 말인가 아니면 이중적인 태도를 취하고 있단 말인가?

비열하고 이중적이다. 보편도덕과 정치행위를 분리하기 위해 온갖 노력을 기울인 이 책에 대한 이런 우리의 판단을 유보하기는 참으로 힘겹다.* 그것은 결국엔 우리가 이 책을 어떻게 읽어야 하는지 진정 모르고 있기 때문이기도 하다.

그런데 이것이 어제 오늘의 일만은 아니다. 마키아벨리즘에 관한 논쟁은 무엇을 위해서가 아니라 누구를 위해 이 책이 쓰였는지를 알아보려는 문제를 언제나 다루기 때문이다. 군주들을 위한 것인가 아니면 군주들에게 저항하려는 자들을 위한 것인가? 18세기에 디드로는 앞의 것을 지지하였다. 마키아벨리는 권력자들에게 "폭정의 기술이라는 단 두 마디로 잘라 말할 수 있는 일종의 혐오스런 정치술"을 가르쳤다. 그러나 루소는 〈사회계약론〉에서 디드로에게 다음과 같이 답한다. "이 사람이 폭군들에게 가르쳐주는 것은 아무것도 없다. 그들은 자기들이 해야 할 일들을 너무도 잘 알고 있다. 오히려 그는 폭군들이 두려워해야 하는 민중들을 가르치고 있다."

⋆ 《군주론》에서 마키아벨리는 어떤 초월적인 도덕적 목표의 제시를 지향하지 않는다. 그가 말한 자유의지는 지적이고 정신적인 어떤 완벽함을 지향하는 개념이 아니다. 그것은 개인이 소유한 모든 능력들을 발전시켜서 자신의 의지를 현재라는 역사의 흐름에 적용하는 것을 가리킨다. 따라서 그는 제도와 법률을 통해 자유를 증진시켜야 한다고 주장한다. 이때의 자유는 개인의 사적인 권리를 보호하면서도 공동의 번영을 증진시키는 동인이다. 자유가 추상적 개념임을 알고 있는 그는 자유를 전적으로 실제적이고 경험적인 토대로 간주하는 것이다. 바로 여기에서 그가 "사물의 실제적 진실"을 주장한 이유를 이해할 수 있다.

그렇다면 그는 선한 자인가 아니면 악한 자인가? 우리의 입술을 부르트게 만드는 이 문제를 철회하는 것이 더 나아 보이기도 한다. 마키아벨리가 《군주론》을 쓰면서 누구에게 말을 건네고 있는지를 알아보려 한다면, 그가 다음과 같이 선언한 15장을 참조해 보는 것으로 충분하기 때문이다. "유용한 무언가를 듣고 싶어 하는 자에게 그것을 써주는 것이 나의 의도이다." 닥쳐온 일들을 정확하게 써나가는 것 그리고 써나가기를 원하는 자들에게 행동의 규칙들을 그것에서 끄집어내게 만드는 것, 이것은 전형적으로 혁명적인 태도이다.

혁명적이라고, 그렇다, 내 말은 틀리지 않았다. 군주들이 민중에게 행사하는 지배와 관련된 단락 전체를 한번 살펴보자.

> 그리고 이 점에 대하여 많은 사람들이 글을 썼다는 것을 알고 있기 때문에, 나는 이런 식으로 논쟁을 하면서 타인의 질서와 거리를 두려고 했기 때문에 혹시나 주제넘은 자로 비칠지 몰라 글을 쓰는 내내 역시 염려되었다. 그러나 유용한 무언가를 듣고 싶어 하는 자에게 그것을 써주는 것이 나의 의도이기 때문에, 사람들이 이미지로만 알고 있는 사물의 실제적 진실을 가감 없이 다뤄

보는 것이 더 적절하다고 여겨졌다. 그런데 많은 사람들은 자기들이 한 번도 본적이 없고, 실제로 존재했는지 아닌지도 결코 알지 못하는 그런 군주국과 공화정에 대하여 상상을 해댄다.*

그가 작별을 고한 "타인의 질서", 그것은 모든 정치철학을 가리킨다. 이제 더 이상 어떤 체제가 최선인지를 상상할 때가 아니다. 권력이 어떻게 실천되어야 하는지를 정확하게 명시하고, 그것에 대한 냉정한 보고서를 작성하는 것을 시작해야 한다. 그러고 나면? 이제 우리는 알게 될 것이다. 어쨌든 그는 우리에게 그것이 어떤 것인지 미리 말해줄 것이다.

---

* 《군주론》 15장. 마키아벨리는 전혀 보지 못한, 그리고 실제로 존재하지도 않았던 유토피아의 정치체제를 상상하기보다는 현실의 진실에 집착하기를 권고한다. 따라서 군주에게 상상된 정치체제에 대해 조언을 주는 것이 그의 목적은 아니다. 유토피아 정체체제와 같은 일종의 당위성을 고집하는 것은 이상이 제시하는 것과 인간이 실제로 경험한 것 사이의 간극을 무시하는 것과 다르지 않다. 그에 따르면 유토피아적인 것에 대한 집착은 자기 파멸, 정치의 파멸, 정치적 실패를 초래할 뿐이다. 그렇다고 해서 그가 《유토피아》를 쓴 토머스 모어를 겨냥한 것은 아니다. 《유토피아》는 1513년에 처음으로 세상에 모습을 드러낸 《군주론》보다 3년이 지난 1516년에 발간되었다. 오히려 마키아벨리는 피렌체를 천상의 예루살렘으로 간주하였지만 결국엔 위기로 몰아넣고만 사보나롤라의 이상 정치를 비판한다고 볼 수 있다.

13

정복하라 그리고 지켜내라

일반적으로 사람들이 《군주론》이라고 부르는 마키아벨리의 책 제목은 《군주론》이 아니라 라틴어 "De principatibus", 즉 《군주국에 관하여》이다. 둘 사이의 차이는 무엇이며, 어째서 후대 사람들은 그 차이를 쉽게 잊어버렸단 말인가? 이제 보게 되겠지만, 마키아벨리는 올바른 통치를 위한 개론서를 쓰지 않았다. 그는 그 누구에게도, 그 어떤 통치자에게도, 또한 책을 읽을 어떤 이에게도 교훈을 주지 않는다. 이 점에서 확실히 그는 거울을—여기서는 중세 정치문학의 전통적 장르이며, 통치를 한다는 것이 지배한다는 것과는 전혀 다르다는 단순하면서도, 그러나 끊임없이 강요된 생각을 왕관을 두른 머리에 쑤셔 넣으며 도덕적인 교훈을 주려고 했던 "군주의 거울(miroir aux princes)"*을 말한다—깨뜨린 셈이다.

마키아벨리, 환상을 깨뜨려 버리는 이 거장은 그래서 우리에게 이런 것을 말한다. 현실을 위해서라도 욕망하기를 그만두자, 공허한 말에 만족해하면서 이상적인 국가를 꿈꾸지 말자, 오히려 우리의 경험에 비추어 다양한 통치방식들에 대한 목록을 만드는 것으로 시작하자.《군주국에 관하여》, 따라서 이 책은 비록 마키아벨리의 후려치는 글쓰기가 차분히 정돈된 글의 배치를 언제나 추월해 버리고, 그러리라고 예상했던 구도를 홀연히 벗어나 버리고, 경로를 갑자기 벗어나 앞으로 나아가고, 본론과 무관한 이야기들이 사슬처럼 얽혀 끼워진다 할지라도—그래서 격정적인 이 책은 스스로를 만들어가는 것처럼 보인다—자신을 하나의 유형론으로 제시한다.

그렇지만 단번에 눈에 띄는 구분되는 지점이 있으며, 그것에 그는 매달려 있다. 마키아벨리는 공화정이 아니라 군

---

* 영혼의 구원과 신에 대한 사랑을 위해 군주에게 요구되는 도덕적 덕목을 다룬 중세의 교육서를 가리킨다. 신으로부터 분별력, 정의, 힘 그리고 절제력을 부여받은 특별한 자로서의 국왕은 자신의 권력을 교회에 봉사하고 왕국의 질서를 유지하는 데 사용해야 한다는 내용을 담고 있으며, 이상적인 군주상을 제시하는 데 기여했다.

주국을 다루고 있지만, 상속으로 물려받은 군주국을 다루지 않는다. 그는 단지 무력과 계략과 행운으로 정복한 그런 군주국, 운이 좋은 담대한 영웅, 즉 새로운 형태의 군주에게 바쳐진 그런 정치체제를 다룬다. 이제는 더 이상 권력을 잡는 것이 권력을 지키는 것보다 더 쉽다는 그런 이야기는 하지 말자. 마키아벨리가 사용한 언어 중에서 "권력을 지켜내다(mantenere lo stato)"*라는 표현은 권력을 유지하는 것과 동시에 그것을 정상적으로 유지한다는 것도 의미한다. 그렇게 할 수 없어 보이는 자들은 단지 통치의 기간—이것이 이제는 정치의 주된 목적이 되었지만—을 쟁취할 기회만을 망치는 것이 아니다. 그들은 통치권과 정치체제 그리고 하나의 제도라고 할 수 있는 권력의 위대함을 해치는 것이다.

왜냐하면 과감하게 손에 넣은 권력을 잃지 않는 법을 배우기 위해서는 보편도덕이 요구하는 자질과는 상이한 고유한 자질이 필요하기 때문이다. 15장에서부터는 작품의 구도

---

* 《군주론》에서 40여 차례 사용된 표현이다. 이러한 군주의 목적에서 비도덕적 측면을 찾을 필요는 없다. 군주는 변덕스런 운명과 변화하는 상황에 대비하여 자신을 가꾸어야 하며, 때로는 비도덕적인 행위를 할 필요는 있지만, 그럼에도 불구하고 가능하다면 정의롭게 행동해야 한다고 마키아벨리가 지적하기 때문이다.

가 급변하고 관점이 뒤집힌다. 자기 안위를 거리낌 없이 지켜내는 달인으로 군주를 만들어주는 그런 비르투(virtù)들을 마키아벨리는 탐색한다. 따라서 그의 논리는 번득이면서도 도발적인 다른 차원으로 넘어간다. 그리고 바로 그런 이유로 그가 사망한 후 1532년에 이 책이 처음으로 출간되었을 때 로마의 편집자였던 안토니오 블라도(Antonio Blado)는 세간의 주목을 끌 만한 제목을, 그것도 이탈리아어 "Il Principe", 즉《군주론》이라고 정했다.

바로 이런 제목이 후대의 관심을 끈 것은 분명하다. 그것은 작품을 일반화하면서 동시에 단순화하는 그런 독서를 권고한다. 인간과 일을 통치하는, 정확히 말하면, 저열하기 그지없는 단어인 "경영하는" 모든 전문가들에게 유용한 의사결정을 위한 안내서, 행동을 취하기에 적절한 순간을 다룬 개론서로 이 책을 축소시킨다. 이때부터 군주라는 말은 문맥에 따라서는 정부, 당파, 정치수장 혹은 군중을 지칭하는 총칭어가 된다.* 지금의 우리가 마키아벨리를 읽어야 하는

---

* 국내에 소개된 여러 마키아벨리에 관한 소개서들 역시 이런 경향을 벗어나지 못한다. 전략적 토론이나 유능한 리더 혹은 자기혁신을 위한 경영전략에 대한 어떤 교훈을 주는 자로 마키아벨리가 다루어지고 있기 때문이다. 그런 가운데《군주론》저자의 본질적 의도는 감춰지고 사라지

절박함이 여기에 있다.

고 잊히고 만다.

14

정치에서의 사악함

《군주론》의 18장*에는 두려워하는 법을 가르치기 위해 아이들에게 들려주는 우화 한 편이 있다. 그것을 〈여우와 사자〉라고 부를 수 있을지도 모르겠다. 마키아벨리에 따르면 우리를 이끄는 자들은 짐승처럼 행동할 수 있는 자들이다—때로는 교활하고 때로는 폭력적으로. 그들은 주어진 상황에 따라서 여우나 사자의 역할을 선택하는데, "왜냐하면 사자는 덫으로부터 자기를 지키지 못하고, 여우는 늑대로부터 자기를 지키지 못하기 때문이다. 그러니 덫을 피하려면 여우가 되어야 하고, 늑대가 겁먹게 만들기 위해서는 사자가 될 필요가 있다."

---

* 저자는 17장이라고 언급하고 있으나 오류이다.

통치한다는 것, 그것은 이런 것인가? 인간 본래의 속성을 포기하고 야수의 가죽을 걸쳐 입고 짐승처럼 구는 것이란 말인가? 그런 것이었는가?《군주론》은? 쉽게 은폐하는 술책, 변장한 사육제의 쾌락으로 귀결될 수밖에 없는 그런 보잘것없는 자잘한 속임수들을 쌓아놓은 것이란 말인가? 겁먹게 만든다고? 정확하게는 바로 이것이 덫이다. 그렇다면 차분하게 우리가 위에서 언급했던 발언에 비추어 15장에서 일반적으로 다루어진 권고를 다시 살펴보자.

> 그러므로 군주가 권력을 지켜내길 바란다면, 그에게는 선하지 않을 수 있는 법을 배우고, 필요에 따라서는 선함을 사용하거나 사용하지 않는 것이 요구된다.

단 몇 마디로 모든 것이 말해진 셈이다. 필요에 따라서. 그렇다, 마키아벨리의 정치사상은 필요의 철학이다. 그것은 '권력을 지켜낸다'라는 하나의 과녁을 겨냥한다. 이 철학의 행동규칙은 '사용'이라는 것 이외의 다른 어떤 목적도 스스로에게 부과하지 않는다. 필요에 따라, 사용하거나 아니면 사용하지 않는 것. 언제나 사악해야 한다는 말이 아니다*—예를 들어 그는 책의 뒷부분에서 군주가 너무도 사치스럽거나 아니면 무시무시한 궁정 안으로 몸을 피해 자신을 보호함으로써 민중의 질투심을 초래하는 것은 쓸데없는 일이라고 적고 있다.** 왜냐하면 최고의 요새가 있다면 그것은 민중의 증오를 전혀 사지 않는 것이기 때문이다. 쓸데없는 잔인함은 필요 없으며, 따라서 고삐 풀린 폭력도 필요 없고, 힘을 적절히 조율하는 법—간단히 말해, 선하지 않을 수 있는 법을 배우는 것—이 필요하다.

나는 기꺼이 인정한다. 그에게 모욕을 당했던 반대자들이 그려놓은 마키아벨리의 왜곡된 모습에 이때의 그가 아주

---

* 마키아벨리는 《군주론》 8장에서 군주가 잔인함을 이용할 경우에는 그것을 잘 사용할 것을 권고한다. 아가토클레스와 비레로토 같은 통치자가 처벌을 받은 것은 그들이 죄를 범해서가 아니라 잔인성을 잘못 사용했기 때문이라고 그는 지적한다. 이런 점에서 17장에서 언급하고 있듯이 체사레 보르자는 마키아벨리가 보기에는 본받을 만한 군주이다. 그는 잔인함을 되풀이하지 않기 위해 단 한 번에 모든 것을 진정시키는 잔인성을 사용했다. 이런 찬양으로 인해 마키아벨리의 적수들은 그를 잔인성의 옹호자로 비난하고 비하했다. 그러나 마키아벨리가 보기에 군주는 잘하거나 못하는 자가 아니라, 자신이 해야만 하는 것을 잘하거나 못하는 자에 해당한다. 해야만 하는 것, 바로 실천의 차원에서 질서와 평화를 목적으로 권력을 유지하기 위해서라면 정치적 잔인성이 때로는 군주에게 필요하다고 마키아벨리는 말하고 있다.

** 《군주론》 19장.

근접해 있다는 것을. 그런데 이점에서 그의 사상은 흔하디 흔한 냉소적인 반도덕주의에 비하면 훨씬 더 불온하다. 그에게 있어서 선과 악의 문제는 본질적으로 행동에 덧붙여진 수식어일 뿐이다. 군주가 선이나 악을 행해야 하는 것이 아니라, 자신이 해야 할 일을 잘하는 것 혹은 잘 못하는 것과 관련되기 때문이다.

그렇다면 무엇이 문제란 말인가? 본질적으로 인간의 사악함이 문제가 된다. 당연히 자신이 통치하는 자들로부터 사랑을 받으면서 동시에 두려움의 대상이 되는 것이 훨씬 낫다. 그러나 선택해야만 한다면, 《군주론》의 저자는 이렇게 조언한다. 두려워하게 만들라고.

> 왜냐하면 사람들에 대해서는 일반적으로 이렇게 말할 수 있기 때문이다. 그들은 자기들의 이익을 빼앗아가려고 으르렁거리는 위험들을 마주치게 되면 은혜를 저버리고, 태도를 바꾸고, 위선을 피우고, 엉큼해지고, 비열해진다. 당신이 그들에게 선을 베푸는 한, 그들 모두는 당신의 것이고, 자기들의 부와 재산, 목숨과 아이들에 대한 욕구가 떨어지면 그것들을 당신께 바칠 것이다. 그러나 그런 욕구를 당신이 갖게 되면, 그들은 등을 돌릴 것이다.*

충격적인가? 우리는 사랑하는 마음으로 우리를 좋아한다고 가슴에 손을 얹고 말들을 나불대는 정치인들의 통치를 받는 것을 더 선호하지 않던가? 분명 우리는 틀렸다. 다시 한번 모든 도덕적 판단을 멈출 노력을 한다면, 마키아벨리의 말은 아주 단순해지기 때문이다. 군주는 자신이 통치하는 사람들에게서 발생할 최악의 것을 언제나 가정하는 상황에 놓여있어야 한다고 그는 말한다. 오늘날의 입법자들은 이점을 잘 알고 있거나 아니면 잘 알고 있어야만 할 것이다. 공명정대하고 고결한 방식으로 적용되리라고 희망하면서 사람들이 법을 만들지 않는다는 것을. 법을 가장 해롭게 사용하는 것을 예견하려고 노력하면서 법을 만들거나, 아니면 아예 법 만들기를 기피한다. 그런데 만약 사태가 시급하다고 말한다면 어찌할 것인가?

---

* 《군주론》 17장. 인용문의 이해를 위해서는 같은 장에서 군주는 "타인의 재산에 손을 대서는 안 된다"라고 지적한 부분을 참고할 필요가 있다. 군주가 이익을 보존해 주면 사람들은 부, 재산, 목숨, 아이들에 대한 욕구를 굳이 가질 필요가 없다. 그러나 만약 군주가 그것들을 지켜주지 않는다면, 즉 군주가 그것들에 탐을 내게 되면 부에 대한 그들의 욕구는 더욱 강해지고, 당연히 통치자로부터 등을 돌리게 된다는 것이다.

15

위기 상황

역사가들이 현재에 대한 어떤 뛰어난 통찰력을 자신이 가졌다고 내세우는 경우는 매우 드물다. 대체적으로 보면 그들의 지식이나 방법론은 오히려 그들이 현재를 보지 못하게 만들기도 한다. 그러나 마르크 블로흐(Marc Bloch)만은 거의 유일하게 예외적이다. 1940년에 미친 듯이 씌어진 그의《이상한 패배(Étrange Défaite)》는 프랑스를 나치 치하로 몰아넣고만 프랑스 엘리트들의 도덕적이면서도 지적인 위기에 대한 준엄한 조서를 제시한다. 위급한 역사를 다룬 이 위대한 책은 레지스탕스에 대한 호소였으며, 마르크 블로흐가 1944년 6월 16일 나치에 의해 고문과 총살로 영웅적으로 사망한 후에야 간행되었다.

마키아벨리는 온갖 균형을 유지하면서《군주론》이라는

자신만의 〈이상한 패배〉를 써나갔다. 그것은 1494년 이후, 거쳐 가는 길에 있던 모든 것들을 뒤엎으며 알프스를 무장해서 넘어온 "프랑스의 광포(狂暴, furia francese)"에 맞서 조국을 지켜내지 못한 이탈리아 군주들의 이상한 패배였다. 단지 운이 없었다고 이탈리아에게 말하지 말라! 그렇다, 운명의 여신은 변덕스럽다.

> 그래서 나는 분노에 가득차서 들판을 범람하고 나무와 건물들을 무너뜨리며 땅 한쪽을 뿌리째 뽑아 다른 쪽에다 쌓아놓고 마는 저 거센 강물에 프랑스를 비교하겠다. 모두가 강물 앞에서 도망쳤고, 쇄도하는 물결에 모두가 장애물 하나 제대로 세워보지도 못한 채 무참히 굴복하고 말았다.*

그렇다면 무엇을 해야 한단 말인가? 레오나르도 다빈치와 다른 기술자들이 했던 것을 따라 해야만 한다. 마키아벨리, 그는 아르노 강의 도수로 공사 현장에서 이들이 격렬한 강물을 끌어오는 것을 보았다. 그들이 물살을 바꾸고, 저지하고, 붙잡아 두고, 가로막고 그리고 진정시키는, 한마디로

* 《군주론》 25장.

다스리는, 즉 위험한 행동에 맞서 조치를 취하는 것을 보았다. 그렇지만 그렇게 하기 위해서는 "비르투"가 필요하다. 그것은 정치적 덕목이면서 동시에 실천적 이성이고, 마키아벨리가 언젠가 자기 시대 군주들에게 이골이 날 정도로 가르쳐줄 수 있었던 덕목이다.

《군주론》의 마지막 세 장은 온몸을 떨면서 고통스럽게 전달하는 어떤 권고와 같은 것들을 연주해 낸다. 고대의 역사와 자기 시대의 경험들에서 적당한 사례들을 번갈아 가져오는 마키아벨리로서는 플루타르코스의 《영웅전》에서 영감을 얻을 수 있었던 느긋느긋한 흔들거림에 몸을 내맡길 때가 아니었다. 현재에 대한 강박감이 범람하는 강물처럼 흘러가면서 모든 것을 쓸어버렸기 때문이다. 그 안에는 분명 공화정에 대한 확신들도 포함되어 있었을 것이다. 그래서 그는 궁극적으로는 "야만족의 저 썩은 내 나는 지배"로부터 이탈리아를 구해낼 새로운 시대의 군주가 갖춰야 하는 완벽한 힘에 호소하게 된다.

썩은 내, 야만족, 그렇다, 표현이 정말로 그랬다. 마키아벨리는 프랑스인들을 《군주론》의 마지막 장에서 그런 식으로 부른다. 거리를 둔 채 빈정거리는 태도를 버리고, 오히려 어떤 애국적 기질—사람들은 이것이 그에게 있다는 것을 잘 알아보지 못한다—을 작동시키기 위해서이다. 그는 "나의 이탈리아(Italia mia)"라고 말한 페트라르카를 인용한다.* 이탈리아적인 것에 대한 이런 시적 찬양이 상처 입은 정체성의 표현이라는 것이, 그것이 무력과 전제적인 권위에 대한 호소와 쉽게 어울리게 되리라는 것이 쉽게 이해될 수 있다.

마키아벨리가 글을 쓰던 당시의 위기 상황으로 인해 정당화되어 버린 것 같은 위험지대 안으로 우리는 들어온 셈이다. 마키아벨리는 위험지대라는 것을 당연한 것으로 만들고 나아가 들썩이게 만든다—무기력에 빠져버린 어떤 집단들을 들쑤셔 대는 방식을 사용하면서. 요컨대 마키아벨리는 운명의 여신을 유혹하려는 모험에 뛰어들려고 부심했다. 왜냐하면 위기 상항이라는 이 강물은 또한 정복할 수 있어야 하는 여성이었다. 글을 쓰고, 쓰고, 온종일 쓰다 보면 언젠가는 그녀를 사랑하게 되지 않겠는가?**

---

* 《군주론》 마지막 장인 26장. 페트라르카가 《칸초니에레》에 수록된 작품 128편에서 평화와 절제에 대하여 열정적으로 호소하고 있다면, 마키아벨리는 전쟁을 치를 것을 호소한다. 마키아벨리는 페트라르카의 이 작품을 인용하며 《군주론》을 끝맺는다.

** 이탈리아어에서 '운명'은 여성형 명사이다. 어쩔 수 없다는 운명론적인 태도는 당시 이탈리아인들 사이에 널리 퍼져있었다. 그러나 마키아벨리는 그런 운명에 자유의지로 저항할 것을 촉구한다. 운명은 강물이고 여

인이며, 둑을 대어 강물을 조절할 수 있듯이, 여인 역시 유혹하고 정복해야 할 대상이라는 것이다. 게다가 만약 선택을 해야 한다면 늙은이의 신중함보다는 젊은이의 혈기를 권고한다. 느긋해하기보다는 자기 시대를 위험지대로 간주하고, 야만족의 썩은 내에 격렬하게 맞서야 할 필요가 있다고 주장한다.

글쓰기의
정
치
성

16

권력이라는 희극

그런데 일격은 실패했다. 그가 단단하게 제련해서 만든 어떤 누군가가 권력의 유지를 위해 반드시 필요하다는 점을 증명하는 것이 《군주론》을 쓴 마키아벨리의 의도였다면, 그는 명백하게 실패했다. 책의 그런 의도가 사람들 눈에 띄지 않은 것은 아니었으며, 1514년 내내 니콜로 마키아벨리는 사면을 받아 다시 돌아갈 수 있으리라는 일말의 희망을 지니고 있었다. 그러나 이런 희망에 찬물이 금방 끼얹어졌다. 1515년 2월에 작성된 편지에서 교황 레오 10세는 줄리아노 데 메디치(Giuliano de' Medic)에게 "니콜로와 위험한 관계를 맺지 말기를" 권고한다. 프랑스 대공략(1515년 마리냐노 전투)*의

---

* 밀라노 남동쪽 마리냐노에서 1515년 9월 13일과 14일에 걸쳐 프랑수아

위협이 뚜렷해지던 시기에 이제부터 피렌체의 정치를 운영할 사람은 교황이었던 것이다.

따라서 작전 무대를 옮겨 전투를 계속해야만 했다. 무대라고 했나? 어찌 그렇지 않겠는가? 마키아벨리에게는 로마 희극의 풍자적 영감을 선호하는 성향이 언제나 남아있었다. 그는 젊은 시절에 테렌티우스의 작품 번역을 시도한 바 있으며, 지금은 소실되었지만 이름만은 남아있는 〈가면(Le Maschera)〉이라는 첫 번째 희극을 쓰기도 했다.

1520년에는 몇 년 전에 씌어졌을 것으로 추측되는 다른 희극들이 피렌체에서 상연되었다. "작품 제목은 만드라골라(Mandragora)"라고 서문은 기록하고 있다. "작가가 그리 유명하지는 않지만, 만약 그대가 웃지 않게 된다면, 그는 당신께 술 한잔 살 것입니다."

그럴 필요가 없었다. 성공은 즉각적이었다. 2년 뒤에 베네치아의 한 수도원에 올려졌을 때에는 관객의 환호가 열광적이어서 상연이 중단될 정도였다. 《군주론》 저자의 씁쓸한 복수라고나 할까. 경박한 많은 것들을 너그럽게 봐주기를

1세가 이끄는 프랑스와 베네치아 연합군과 스위스용병을 고용한 밀라노 공국 사이에 벌어진 전투이다. 16시간 동안 진행된 전투는 16,000명의 사망자를 냈으며, 프랑스가 승리를 거두며 밀라노를 점령했다.

그는 서문에서 항상 부탁해야만 했다.

> 그가 이런 헛된 생각으로
> 자신의 우울한 생각을 다독이려고
> 애쓰고 있다는 점을 핑계 삼아 그를 용서해 주기 바랍니다.
> 게다가 다른 데로 눈을 돌릴 만한 곳도
> 그에게는 없습니다.
> 다른 무언가를 시도하면서
> 또 다른 역량을 보여주는 것이
> 그에게는 금지되었고,
> 노력에 걸맞는 보상을 받지도 못했기 때문입니다.

〈만드라골라〉에서 다루어진 줄거리가 보잘것없어 보이는 것은 사실이다. 우둔한 남편인 늙은 니치아는 젊은 부인 루크레치아를 정복하려고 결심한 유혹자 칼리마코의 음모에 조롱거리가 된다. 교활한 조언자이자 위선적인 고해신부인 티모테오 덕분에 만사가 해결된다. 두 사람 모두 만드라골라라는 최음제에 쓰이는 약용식물에 의해 오염되고 부패해진 한 사회에 대한 풍경을 완성해 내는 것이다.

티모테오가 사보나롤라이고, 루크레치아가 피렌체라는

정치적 알레고리를 여기서 읽어내야 하는가? 노망한 공화정은 메디치가라는 매력적인 폭군의 유혹에 젊은 아내가 속아 넘어가 겁탈당하는 모습을 보게 된다는 말인가? 아마도 그럴 것이다. 그러나 이 희극에서 가장 정치적인 것은 숨겨져 있으리라고 여겨지는 어떤 의미가 아니라, 바로 연극 자체이다. 다시 말해 환멸이라는 강박관념에 사로잡혀 버린 세계에서, 모두가 어쩌겠냐고 단정적으로 말하는 이곳에서,* 철저하게 체계적으로 꾸려진, 재미난 줄거리에 《군주론》을 쓰도록 부추긴 열정과 관심사들을 적용했다는 점이다.

사랑한다는 방식은 결국에는 전쟁을 치루는 방식과 다르지 않은 것이다. 루크레치아의 정복은 방법론적으로 일련의 체계에 따라 수행된다. 그로 인해 그토록 정숙했던 그녀는 시대의 특성에 적응하는 것이 언제나 낫다는 것을 이해하고는 결국 냉담하게 제안을 받아들이게 된다. 이 모든 일이

---

* 운명의 가혹함에 저항하기보다는 체념해 버린 피렌체를 가리킨다. 이때의 피렌체는 걷잡을 수 없는 내부에서 생긴 불안과 외부에서 온 위협에 굴복해 버린 상태였다. 작품에서 루크레치아가 간교함에 속아 넘어간 것은 운명의 속임수에 피렌체가 속은 것과 다르지 않다는 알레고리가 작동한다. 모두가 운명에 저항하기보다는 굴복을 생각할 때, 모두가 더 나은 미래를 꿈꾸지 못할 때, 마키아벨리는 이 무력함을 자극한다.

"투르크족이 금년에 이탈리아로 넘어올까?"라고 스스로 질문을 던지고는 "사람들을 꼬챙이에 꿰어버리는 그네들 수법이 정말로 두렵다"고 말하는 한 등장인물처럼 공포에 경직된 자기 자신에게 소스라치는 피렌체라는 이 메말라 버린 세계 안에서 벌어졌다.

한 편의 희극이다, 그렇지 않은가? 절망한 나머지 웃지 않을 수 없다면, 그렇다, 그것은 한 편의 희극이다.

17

조롱하는 마키아벨리

"역사가, 희곡과 비극 작가." 친구 귀차르디니에게 보낸 말년의 편지에서 마키아벨리는 이런 식으로 자신을 소개한다.* 그가 비극을 쓰지 않은 것은 분명하지만, 역설적이게도 역사에 대한 그의 비극적인 견해를 떠맡은 것은 〈만드라골라〉와 그 뒤에 나온 〈클리치아(Clizia)〉와 같은 희극들이다. 그런 식으로 마키아벨리는 자기를 문인으로 소개하기를 진정 좋아했다. 왜냐하면 그는 독자이건 관객이건 항상 대중에게 말을 걸기 때문이다.

마키아벨리의 저작들 가운데에서 희곡이 지닌 중요성을 가늠하게 되는 순간부터 그의 모든 작품들은 연극성을 띠게

* 1525년 10월 25일 이후에 작성된 것으로 추정되는 편지.

된다. 〈만드라골라〉를 읽고 나서 《군주론》을 다시 읽으면 단지 은폐와 가식 그리고 겉치레와 같은 주제들만을 발견하게 되지는 않는다. 작품 전체를 관통하는 강렬하면서도 억제할 수 없는 어떤 연극적인 힘이 있다는 것 역시 알게 된다.

따라서 반응이 엄청나게 뜨거웠던 이 작품을 무대에 올릴 수 있었던 것은 마키아벨리가 작품 안에 자신의 역할을 마치 이야기의 주인공들처럼 배치해 놓았기 때문이다. 그들에게서 그가 지닌 정치적 확신의 확성기를 찾으려 한다면 헛된 일이다. 각자가 때로는 웃기면서도 때로는 비극적인 그런 역할을 연기하고 있으며, 이렇게 서로 맞부딪히는 말들의 긴장감 안쪽에 연극의 진실이 자리한다. 분명 이런 이유 때문에 마키아벨리는 수도 없이 말을 걸어온다. 때때로 그는 "너"라고 말하다가도 어떤 때는 "당신"이라고 부르면서 군주나 독자와 대화를 벌인다.* 대화, 그렇다—게다가 정치적 논설들은 전통적으로 대화의 형식으로 작성되지 않

---

* 연극이 개인적 관심사를 드러낸다면 《군주론》은 정치라는 공적인 관심사를 다룬다. 그러나 두 장르는 마키아벨리에게서는 매우 밀접한 관계를 맺는다. 그의 희곡 작품은 또 다른 《군주론》에 해당한다. 따라서 희곡 작품에서 그가 '나'와 '우리'를 번갈아 사용하는 것은 개인의 관심사와 공동의 관심사가 서로 겹쳐진다는 관점이 있었기 때문이다.

았던가? 그러나 그것은 여러 장르들과 소리들이 서로 교차하고 그 가운데 어조가 불현듯 튕겨 오르는 그런 대화이며, 이야기의 우여곡절 안에서 웃음이 갑자기 분출—시대착오적이긴 하지만 셰익스피어 풍이라고 말할 수 있는 그런 분출—한다.*

그러니 의심이 들지 않을 수 없다. 그런데 만약 그가 조롱하고 있다면? 디드로와 달랑베르가 발간한《백과전서》의 "마키아벨리즘" 항목에서 우리는 모사꾼에 대한 다음과 같은 요약을 읽을 수 있다. "그러므로 만약 당시의 사람들이 그의 목적을 알아보지 못했다면 그것은 그들의 잘못이다. 그들은 풍자를 예찬으로 간주했다." 요컨대 재미를 이용한 선동이라는 섬세한 기술을 포착하는 것보다 더 어려운 것은 없다. 그가《군주론》의 8장에서 시칠리아 국왕이었던 고대

---

* 마키아벨리가 희곡에서 비난하고 조롱하는 것은 자연이 고정되고 안정적이라고 생각하는 자들의 어리석음이다. 이점에서 〈만드라골라〉의 루크레치아는 변화한 상황에 자신을 맞춘 여인이기도 하다. 즉 최음제로 인해 속아 넘어가게 되었지만, 최음제가 마련해 준 자신의 새로운 운명, 즉 새 남편 맞이하기를 수용함으로써 그녀는 시대의 변화에 적응하기 때문이다. 따라서 〈만드라골라〉는 정치적 글쓰기가 희극의 요소가 된다는 점을 드러낼 뿐만 아니라, 정치적 주장이 희극의 형태로 소개된 것이라는 의견도 갖게 만들 수 있다. 정치성과 연극성은 마키아벨리에게서는 서로 뒤얽혀 있다.

의 폭군 아가토클레스나 자기 시대의 체사레 보르자의 행동들 안에서 "잔혹함을 잘 사용하는 법 혹은 잘못 사용하는 법"을 재미를 느끼며 구분하는 것처럼 여겨진다면, 결국엔 말도 안 되는 것들로 논증하는 그런 행위에 맞먹을 수 있는 참으로 엄청난 풍자에 그는 사실 전력을 다하고 있는 셈이다.

1515년 1월 31일 프란체스코 베토리에게 보낸 편지에서 그는 다음과 같이 쓰고 있다.

> 존경할 만한 공모자라고 할 수 있는 우리의 편지들을 보고 나서 이것들이 다양하다는 것을 알아차리게 될 자는 무척 놀랄 것이다. 왜냐하면 우리가 때로는 중요한 일에 골몰한 진지한 사람들이고, 우리의 정신으로부터 올바르고 위대한 생각만이 나온다는 것을 보게 될 것이지만, 한 페이지만 넘기면 그들은 우리가 경박하고 지조도 없으며 외설적이고 쓸데없는 일들에 몰두하고 있다는 것을 보게 될 것이다. 이런 행동거지가 어떤 이들에게는 수치스럽게 여겨질 수 있겠지만, 내가 보기엔 그것은 찬양할 만한 일이다. 왜냐하면 우리는 수시로 변화하는 자연을 모방하고 있기 때문이다.

"다양성(varietas)", 바로 이것이 핵심어이다. 우리는 가지각

색이어야 하고, 변화해야 하며, 고분고분하지 말아야 한다. 즉, 살아간다는 이 일에 절망하지 않기 위해서는 슬퍼하면서 동시에 즐거워해야만 한다.*

---

* 자연과 인간 그리고 세상사의 비일관성에 대한 마키아벨리의 관점은 추상적이고 관념적이지 않은 현실적인 시각을 갖게 해준 동인이기도 하다. 마키아벨리가 자신의 작품들 안에서 고대의 사례를 언급하는 것 역시 이런 비일관성을 증명하기 위해서이다. 운명이 비일관성을 견지한다면, 그리고 상황이 매순간 변화하는 속성을 지니고 있다면 군주는 그것을 이용하면서 동시에 통제해야 하는 것이다. 또한 다양성에 대한 그의 관점은 세상사의 역동성에 대한 지지로도 읽을 수 있다. 역동적이라는 것은 변화를 동반한다. 따라서 통치행위는 시대의 특성에 따라 변화해야만 하는 것이다.

18

외설의 정치성

해야 할 말이 있었는데 하나 잊은 게 있다. 그의 애정생활을 소개하지 않았다. 마키아벨리는 자신의 사랑에 대해서 돌리지 않고, 그것도 자주, 다정다감함과 외설을 녹녹하게 뒤섞어 말하곤 했다. 아버지가 세상을 뜬 지 얼마 안 되어 그는 평생 동안 자기 부인이 될 한 여인과 결혼했다. 1501년 여름이었으며, 이름은 마리에타 코르시니(Marietta Corsini)였다. 그녀는 명망이 높았지만 파산한 가문 출신이었다. 그는 이 여인에게 간헐적으로 편지를 보냈다. 자기 취향에 맞지는 않았던 것 같다. 특히 피렌체 공국의 공무로 인해 주어진 직무를 쉴 틈 없이 수행해야 할 때는 더욱 그랬다. "편지를 내게 자주 보내주셨으면 좋겠어요. 떠나신 후에 세 통의 편지만 받았을 뿐이네요"라고 마리에타는 니콜로 마키아벨리에게 보낸 1503년 11월 편지에서 밝히고 있다(현재 보존되고 있는 그녀의 이름으로 발송된 유일한 편지이다). 그리고 이렇게 그녀는 말을 이어간다. "애기는 요즘 잘 자라고 있어요. 당신을 닮았네요. 눈처럼 피부가 뽀얗지만, 머리카락은 검은 비로드 같아요. 당신처럼 털이 많고요. 당신을 정말 빼다 박았어요. 참 잘 생겼어요."

마리에타가 여기서 말하는 아이는 다섯 아이의 장남에 해당한다. 그의 성은 아버지를 따라 니콜로로 붙여졌고, 이름은 베르나르도였다. 아이 형제나 누이들에게 그랬던 것처럼 마키아벨리는 이 아이에게 눈을 감을 때까지 여러 통의 다정다감한 편지를 보냈다. 분명 그는 부인과 아이들과 함께 폼 나는 대가족을 꾸리는 것을 마음에 두고 있었다. 그러나 나이 든 사내와 약간은 방탕한 처녀들 사이의 사랑행각을 무대에 올린 1525년 〈클리치아〉의 서문에 그가 다음과 같이 쓰고 있다고 해도, 그의 말을 곧이곧대로 믿을 필요는 없을 것 같다.

> 이 희극 작가는 대단히 올곧은 품성을 지닌 사내이다. 작품 상연 중에 여러분들이 약간 저속한 것을 보게 된다면 그의 기분은 상하고 말 것이다.

사실 10년 전, 유배에 처해진 그는 사랑의 열정을 경험하였으며, 그것이 정치적 환멸을 느끼고 있던 자기를 위로해 줄 수 있으리라고 생각한 바 있다. 그는 한 친구에게 보낸 편지에서 이렇게 쓰고 있다.

> 오십에 가까워지는 나이도, 매우 가파른 오솔길도 나를 물러서게 하지 않는다는 것을, 칠흑 같은 밤이 나를 두렵게 만들지 않는다는 것을, 이것들만은 명심하고 계시라. 모든 것이 내게는 손쉽게 여겨진다 (…) 아마도 큰 고통에 빠져들겠지만, 그러나 이런 고통에서마저도 나는 무한한 포근함을 느끼고 있으며, 이 얼굴에서 수많은 달콤함과 아름다움을 얻게 되니, 내 불행에 대한 모든 기억을 아주 멀리 떨쳐버렸고, 어떤 일이 있어도 이 얼굴이 자유로이 제 길을 가게 내버려 두지는 않을 것이다, 설령 그렇게 할 수 있더라도 말이다.*

그가 편지에서 외설적인 일상표현들로 여성을 정복한 일을 또렷이 말하고 있다는 점을 고려한다면, 이런 어조는 더더군다나 놀라운 것이기도 하다. 내가 여기에서 인용하기

---

* 1514년 8월 3일 프란체스코 베토리에게 보낸 편지.

를 주저하는 그런 사건이 1509년에 있었는데, 그것은 말 그대로 추잡했다. 베로나에 머물면서 친구 루이지 귀차르디니에게 보낸 편지는 그 자신이 "절망적인 발정"이라고 불렀던 끔찍하게도 추잡했던 한 늙은 매춘부와의 일화를 묘사하고 있다.

분명 그는 견디기 힘든 묘사에 자신이 무척이나 애착을 느끼고 있었던 조롱조 문학에 대한 무의식적인 기억을 끌어들인다. 동물성, 보기 흉함, 본능적 충동과 같은 모든 요소들에 대한 서술이 희열과 쓰라림을 겹쳐놓은 이 안에 놓여있다. 음란함을 들춰 보이는 것, 그것은 본래 무대 뒤쪽에 숨겨져 있는 것을 드러내는 일일 뿐만 아니라, 흉조(凶鳥)의 역할을 맡는 것이기도 하다. 마키아벨리는 정말이지 사귀어볼 만한 사람은 아니다. 만약 사람들이 그를 그토록 혐오하기를 즐긴다면, 그것은 음모를 폭로하는 무례함이 그에게 있기 때문일 것이다.*

---

* 마키아벨리는 흔히 생각하는 것과는 달리 여성혐오주의자가 아니다. 그가 운명을 여성으로 간주하고 정복해야 할 대상이라고 말한 것에서 여성의 완벽한 억압에 대한 주장을 읽어낼 필요는 없다. 그것은 인간의 자유의지를 발현시켜 기회를 상실하지 않도록 통제가 필요하다는 주장을 담아내려는 비유적 표현에 해당한다. 또한 그의 희극 작품들에서 여

성들이 종종 권력을 가진 늙은 사내의 희생물로 등장하더라도, 그녀들은 남성과 동등한 비르투를 지녔다. 예를 들어, 〈클리치아〉의 주인공 소프로니아(Sofronia)는 무대 뒤에서 개인적인 비르투를 발휘하면서 집안을 완벽히 통제한다. 여성들은 사랑이라는 사적인 행위 속에서도 가족이나 명예와 같은 공동의 질서를 지키려고 하는 것이다. 사적인 영역에서 개인이 취한 행동은 공적인 영역에서도 동일한 원칙에 이끌린다는 것을 마키아벨리는 알고 있다. 따라서 그를 반페미니스트로 간주한 기존의 시각은 재고될 필요가 있다. 마키아벨리는 '인간의 훌륭함'을 성취하는 데 있어서 성적 차별이란 것이 본질이 될 수 없다는 관점을 지니고 있었다.

19

이름 부를 용기

벗들의 수는 점점 더 줄어갔고, 마키아벨리의 편지는 조금씩 드물어졌으며, 그의 정치활동이 집중되었던 시기에는—"놀지도 자지도 않았던" 1498년부터 1512년까지의 15년 동안—하루하루 그의 일거수일투족을 따라갈 수 있었지만, 이제부터 그의 삶은 그가 쓴 글들에 의해서만 크게 구분되어 모습을 드러낸다. 그가 작품들을 집필한 시기는 여전히 불분명하다. 그러나 한 가지 명확한 것이 있다. 그가 한 장르에서 다른 장르로 서둘러 건너가면서 시, 희곡, 논설, 도덕철학, 역사 등 온갖 장르에 대한 글쓰기를 온몸을 바쳐 멈추지 않았다는 점이다. 그의 말을 따르면 시대가 험할수록 정확한 말의 기술은 요구되고, 그런 말을 사용할 수만 있다면 어떤 장르라도 좋았다. 왜냐하면 말과 사물이 불확실한 관계에 놓이게 되면, 부당한 권력이 정치언어가 제대로 작동하지 못하게 갖은 애를 쓰게 되면, 그때 문학이라는 것은 절대적으로 요구되기 때문이다. 단지 운명의 짓궂은 악의와 평온하고도 장중한 책의 힘을 서로 맞서게 만들기 위해서가 아니다. 오히려 책 안에서 이름 부를 용기를 끄집어내기 위해서이다.

이름을 부른다고 했던가? 대체 무슨 말인가? 분명 그것은 지목하는 것, 사물에 대해 사람들이 갖고 있는 생각이 아니라 사물 자체의 진실과 관련된 정확한 말을 찾아내는 것이다. 그렇게 하기 위해서는 말—오늘날 "알맹이 없는 말(langue de bois)"라고 부르는 용어—에서 군더더기를 걷어내야만 한다. 사전학자들은 러시아어 "코맹맹이 말(langue de chêne)"에서 유래한 이 표현은 1968년, 즉 기존의 정치언어가 단번에 낡은 것이 되어버린 시기에 와서야 비로소 일상의 프랑스어 안으로 들어오게 되었다고 가르쳐준다. "알맹이 없는 말"은 단지 무겁고 반복적인 것만을 가리키지는 않는다. 그것은 사물을 있는 그대로 말할 수 없는 무능함, 혹은 있는 그대로 말하기를 주저하는 태도를 감추는 것을 목적으로 삼고, 사물을 어찌해서라도 회피하려는 속이 텅 빈 어휘들을 조작하기 때문이다.

따라서 온갖 의미로 꼬이고 꼬인 나머지 허공으로 날아올라 떠도는 모든 어휘들을 하나하나 다시 붙잡아 그것들의 속을 보강하고, 속이 꽉 찬 그것들의 풍부한 에너지, 언어의 폭발력이라고 감히 부르고 싶은 그런 것을 다시 찾아내는 일이 필요하다. 그러므로 운문에서 군더더기를 걷어내는 일과 정치에서 그렇게 하는 일은 서로 분리되지 않는다. 바로 이것이 마키아벨리가 자기 시대의 언어, 즉 일반통용어를 대상으로 한 일이다. 그는 신조어를 거부하고 라틴어를 인색하게 사용한다. 그가《군주론》에서 "stato"라는 단어를 쓴다면—그는 정확히 116번 사용한다—그것은 이 어휘가 지닌 가능한 모든 의미영역(권력, 지배, 자치령, 체제 …)을 유연하게 표현하기 위해서였으며, 이 어휘의 지시력이 항상 팽팽히 긴장된 상태를 유지하게 만들기 위해서였다.

이점에서 마키아벨리는 자기 시대의 외교언어에 충실하다. 그런데 그것에만 그친 것도 아니다. 그의 이탈리아어는 서기관의 언어이자 주막의 언어이고 세련된 시의 언어이자 투박한 농담의 언어이기도 하다. 단테로부터 영감을 얻은 한 논설에서 그는 토스카나 방언의 위엄을 옹호했다. 왜냐하면 그 또한 단테 작품의 열렬한 독자였기 때문이다. 따라서 그는 〈황금당나귀(L'asino)〉라는 제목을 단 철학적이면서도 익살스러운 한 시편에서 〈신곡〉을 풍자적으로 모방하지 않을 수 없었다.* 그가 이야기를 풀어내는 보카치오의 재능을 〈벨파고르(Belfagor arcidiavolo)〉라는 제목의 짧은 이야기에서 모방한 것도 아마도 같은 1510년대였을 것이다.

그는 자기 시대의 가장 뛰어난 이탈리아 작가들과 경쟁하기를 진정으로 원했던 것일까? 〈광란의 롤랑(Orlando Furioso)〉으로 유명해진 작가 아리오스토(Ludovico Ariosto)의 한 친구에게 보낸 편지를 읽다 보면 그랬을 것이라고 생각할 수도 있다.

> 그가 당신 옆에 있다면, 그에게 나를 추천해 주시오. 그리고 수많은 시인들을 인용하였건만 그가 나를 단지 "엿 같은 놈(come un cazzo)", 나를 똥 덩어리로 무시한 것에 대해 내가 불평을 늘어

---

* 단테는 페트라르카와 더불어 마키아벨리가 선호한 작가이다. 그의 《군주론》은 단테의 〈군주제에 관하여(De monarchia)〉를 참조하여 집필되었다는 견해가 있다. 또한 모국어 사용의 중요성에 대한 단테와의 가상대화를 기록한 〈우리 언어에 대한 논설(Discorso o dialogo intorno alla nostre lingua)〉은 단테의 〈모국어의 웅변성에 관하여(De vulgari eloquentia)〉에서 영감을 얻은 것으로 파악된다. 특히 그는 이 작품을 "피렌체 사람임을 부끄러워한 것을 부끄러워해야 한다"는 권고로 끝맺으며 피렌체어의 사용을 적극적으로 옹호하였다.

놓고 있다고 말해주시오.*

이름 부를 용기라고 앞에서 말했었다. 고양이를 고양이라고 부르는 것이 작가가 해야 할 임무라고 말한 사람이 누구였더라?**

---

* 1517년 12월 17일 루도비코 알라마니에게 보낸 편지. 페라라 출신의 아리오스토는 페라라어로 글을 쓰면서 토스카나어의 가치를 인정하지 않았다. 이에 대해 마키아벨리는 토스카나어의 가치를 강조하면서 그를 비난한다.

** 17세기 프랑스의 부알로(Boileau)가 《풍자시(Satire)》 1권에서 이 말을 사용했다.

20

자리 잡기의 정치술

당신은 원하는 목적을 성취하기를 바라는가? 만약 그렇다면 빼어난 궁수처럼 행동하라. 그는 과녁보다 더 위쪽을 조준한다. 과녁을 벗어나기 위해서가 아니라 그것을 맞추기 위해서이다. 달리 말해 정확히 맞추기 위해서는 위쪽을 향해 쏘라. 이 은유는 고전수사학에서 가져온 것이다. 마키아벨리는 자신의 정치적 작품들, 특히 《군주론》에서 그것을 사용한다. 처신의 안내자라고 할 수 있는 저명한 자들의 "그지없이 훌륭한 본보기들"을 그 안에 담아내는 것이 정당하다는 점을 증명하기 위해서이다. 정치언어, 교육언어라는 차원에서, 혹은 단순하게 말해, 자기만의 인생을 살아가는 방식의 차원에서 우리는 언제나 다음과 같은 교훈을 기억해야만 할 것이다. 자신에게 고결한 모범들을 제시하는 것은 자기 역량을 과대평가하는 것이 아니라, 오히려 반대로, 마키아벨리의 표현을 빌리자면, "어디까지 날아갈 수 있는 힘이 자기 화살에 있는지를 알아보는 것"*이다.

궁수와 화가는 이런 자리 잡기의 기술이라는 측면에서 공통점이 있다. 적절한 각도를 찾아내는 것, 필요하다면 살짝, 한 발짝 옆으로 비껴 서기, 그러나 그림의 대상을 회피하지 않고 마주하기. 이런 기술은 정치적, 유달리 정치적이며, 그리고 바로 그런 이유로 마키아벨리는 이점을 빈번히 암시하는데, 특히 《군주론》에 실린 헌사의 감동적인 한 구절에서 그렇다.

> 들판 아래쪽에 자리를 잡고 산이나 높은 곳의 경관을 바라보면서 풍경을 그리는 사람들처럼, 그리고 낮은 곳을 바라보기 위해 산 높은 곳에 자리를 잡는 사람들처럼, 마찬가지로 민중의 성정을 잘 알기 위해서는 군주가 되어야 하고, 군주의 성정을 잘 알기 위해서는 민중이 되어야만 한다.

---

* 《군주론》 6장. 이런 표현은 인간의 자유의지에 대한 신뢰에 기초한다. 또한 과거의 사건에서 현재의 영광을 찾으려는 이런 시도는 시간을 극복하려는 의지를 담아낸다.

"사람들처럼"이라는 표현은 분명 비교에 해당한다. 그런데 누구와 비교하는 것이란 말인가? "풍경을 그리는 사람들"은 지도 제작자이거나 화가일 것이다. 레오나르도 다빈치는 이 둘 모두였다. 그는 고집스럽게 데생 작업을 하면서 세상의 여러 리듬을 다시 조화롭게 만들려고 시도했다. 시대의 특성을 눈으로 보도록 보여준다는 것, 바로 이점에서 레오나르도와 마키아벨리는 같은 시대를 살아간 인물들이다. 단지 그들이 1502년에서 1504년 사이에 체사레 보르자를 수행하던 로마냐에서, 피렌체의 시뇨리아 광장에서, 혹은 토스카나의 어딘가에서 진행된 아르노 강의 도수로 공사 현장에서 수력공사인부들과 서로 함께 만났기 때문만은 아니다.*

그런데 낮은 곳은 통치술을 검토해 보기에 적당한 자리이기도 하다. 군주들과 그들의 참모들이 자유자재로 구사하는 국가통치술이라는 것이 있다. 그들은 민중의 성정을 알아보며, 달리 말해 높은 곳에 자리를 잡고서 민중에게 활기를 불

---

* 저자는《레오나르도와 마키아벨리(Léonardo et Machiavel)》(Editions Verdier, 2008)를 출간한 바 있다.이 책에서 저자는 기존의 사료들을 중심으로 공통의 생각을 가졌지만 서로의 이름을 한 번도 말하지 않았던 두 인물의 만남을 가상하여 기술한다.

어넣는 사회의 여러 열정들을 지켜본다. 그러나 높은 곳에 있는 그들이 보지 못하는 것이 있다. 그것은 자기네 권력의 실체이다. 바로 그런 이유로 그들은 언제나 스스로의 권력에 도취하면서 종말을 맞이하게 된다. 반대로 그들을 더 잘 알아보는 자들은 그들로부터 지배를 당하는 사람들이다. 마키아벨리가 이런 피지배자들에게서 기꺼이 인정하는 것은 자신들이 지배당하고 있다는 것을 그들이 잘 알고 있다는 사실이다.* 그들의 이런 인식은 그것을 서로 공유하기를 바라는 사람들 사이로 힘차게 퍼져나간다. 그는 티투스 리비우스의 《로마사 논고》에서 이렇게 쓰고 있다. 민중은 자기들을 억압하는 자들이 누구인지를 알고 있다.**

---

* 《군주론》 19장은 "군주에게 최고의 요새는 민중의 증오를 받지 않는 것"임을 다룬다.

** 마키아벨리는 《군주론》 11장에서 군주의 안전은 귀족 집단이 아니라 민중과의 연합에 의해 보장된다고 언급한다. 그렇다고 해서 귀족을 파괴해야 한다는 것도 아니다. 오히려 귀족과 민중 사이의 갈등을 통제하는 것에서 군주의 안위가 보장될 수 있다고 말한다. 귀족과 민중이 상호 견제하게 만들어서 그 누구도 일종의 우월한 권력을 누리지 못하게 해야 한다는 것이다. 여기에서 마키아벨리가 민중을 하나의 권력 집단으로 만들 생각을 갖지 않았다는 것을 알 수 있다. 《군주론》 자체가 군주에 관한 것이지 민중에 대한 지지가 아닌 이유와도 관계된다. 그는 민중이 정치 세력화되는 것을 언급하기보다는 단지 민중에 대한 관심이 군주의

그런데 이 책은 어떤 책이고, 갈등에 대한 정치적 앎은 어떻게 형성되는가? 바로 이것을 이제부터 우리는 알아보고자 한다. 그러나 정치적 인식을 회화에 비유한 것이 지닌 의미를 잘 이해해 보도록 하자. 그런 비유가 문인으로서, 작가로서 그리고 창작자로서의 그에 대한 초상으로부터 우리를 벗어나게 만들지는 않는다. 오히려 그것은 그의 초상으로 우리를 이끌어간다. 왜냐하면 이런 비유는 사물 자체의 진실을 들춰내기 위해서라면 어떤 방식으로든 진실을 언제나 찾아내야 한다는 점을 우리에게 상기시켜 주기 때문이다.

미래를 보장하는 요소가 된다는 것만을 지적한다. 이점에서 그는 민중을 "야만적 짐승"으로 규정하는 전통적 관점이나 민중의 집단적 견해를 '속견(俗見, opinion)'으로 간주한 당시 법률가들의 관점을 벗어난다.

대립의 공화정

21

공화정이란 무엇인가?

궁정의 그림자가 드리운 작은 정원이 하나 있다. 세상의 광활함을 환기시켜 주는 먼 과거에 기원을 둔 고대의 석상들 그리고 꽃향기를 내뿜는 나무들 아래에서 선선함을 찾으려고 사람들은 그곳으로 간다. 거기에서 그들은 세련되고 품위로 가득 찬 대화에서 잠시나마 벗어나려고—그러나 또한 아마도 미래를 준비하려는 목적으로—정치와 문학을 말한다. 그들? 그들은 누구인가? 라틴어로 '오리켈라리(Oricellari)'라고 불리는 정원의 소유주 코시모 루첼라이(Cosimo Ruccellai) 주변으로 모여든 일부의 피렌체 귀족들이다.

마키아벨리가 말을 잘한다고 이야기한 적이 있었는지 모르겠다. 그는 분명 그랬다. 1517년을 기점으로 수많은 사람들이 로마공화정을 다룬 그의 연설을 들으러 모이곤 했다. 기원후 1세기 티투스 리비우스는 기념비적인 작품《로마사》에서 로마공화정의 기원들을 들려주었다. 사람들은 마키아벨리가 이 유명한 고대 역사가의 작품에 학교숙제처럼 꼼꼼하게 정리된 주석을 달게 되리라고 기대하지는 않았다. 그는 티투스 리비우스에게서 행동의 규칙들을 찾아내기 위해 주해를 덧붙였다. 그는 과거의 지혜를 통해 아주 자유롭게 현재를 수정하려고 시도했다.

그래서《군주론》을 작성하기 이전부터 아마도 관심을 가지고 있었을 이 작업에 그는 다시 달려들었다.《티투스 리비우스의 로마사 논고》, 니콜로 마키아벨리가 사망하고 나서 5년이 지난 1532년에야 출간될 이 미완성 작품의 제목은 이러했다.* 공화정을 다룬다는 차원에서《군주론》과 짝을 이루는 작품인가? 어떤 면에서는 그렇다. 두 작품은 화답한다. 세 개의 부(部)로 구성되었지만 각 부의 분량이 서로 상이하고, 논조가 두서없이 조각나 있는《논고》는《군주론》이 촘촘하고 준엄하며 팽팽히 긴장된 것만큼이나 부풀려 있고 엉성하게 조각들을 붙여놓고 있다. 이 책의 편집자들은 역사

* 마키아벨리는《티투스 리비우스의 로마사 논고》를 자노비 부온델몬티(Zanobi Buondelmonti)와 앞에서 언급된 코시모 루첼라이에게 헌정했다.

에 의해, 아니 좀더 정확히 말해, 자유를 위한 실천적 방법을 역사로부터 가져오려 했던 마키아벨리의 열정으로 인해 뒤죽박죽이 되어버린 이 출렁이는 조각들을 꿰어 맞추는 고된 수고를 해야만 했다.

그렇더라도《논고》에서 공화체제에 관한 명석한 논리전개를 사람들은 당연히 발견하게 된다. 그러나 사실상 작품의 본질은 정치제도의 운영이 아니라 민중주권에 대한 사상 안에 놓여있다. 민중의 합법성을 인정하는 것—이것이 바로 모든 공화정의 근간이다—은 인간본성에 관한 정치인류학* 의 도입을 필요로 한다. 마키아벨리가 겨냥한 것도 바로 이것이었다.**

1권 58장에는 "다수의 사람들이 한 명의 군주보다 더 현

---

* 정치인류학은 정치를 법이나 국가와 같은 제도에 한정하지 않고 다양한 방식으로 파악하는 것을 목적으로 한다. 이것은 대규모 정치체제에 초점을 맞추기보다는 한 사회의 구성원들이 권위를 획득하기 위해 경쟁하고 이를 통해 차별적 권력관계를 생산하는 정치적 과정에 주목한다.

** 16세기에 '공화정'이라는 용어는 중의적이었다. 어원에 따라 '공적인 것'과 '군주제를 반대하는 것' 모두를 의미했다. 예를 들어 장 보댕(Jean Bodin)에 따르면 그것은 군주가 공적인 사법권을 행사하는 '군주제'를 가리키기도 했다. 이에 반해 16세기 말에 '공화주의자'는 군주제의 개혁을 요구하는' 자로 간주되었다. 당시에 '공화주의자'라는 표현은 일종의 모욕이었다.

명하고 일관되다"*라는 제목이 붙여졌다. 한번 읽어보자.

> 사람들이 민중의 목소리를 신의 목소리에 비유하는 것에는 나름의 이유가 있다. 왜냐하면 만인의 의견은 앞으로 일어날 일을 놀라울 정도로 진단해 내기 때문이다. 따라서 만인의 의견은 불가사의한 힘을 이용해 자신들을 기다리고 있는 행복과 불행을 예견하는 것 같다.

바로 이것이 공화정이라는 신앙의 주된 교리였다. 그런데 마키아벨리 작품의 나머지 부분들은 이런 교리를 부단히 약화시켜 나간다. 민중이 속임을 당하는—좀더 자세히 말해 파렴치하기 그지없는 거짓말로 민중을 속이는—수많은 역사적 사례들이 다루어진다. 거기에서 다음과 같은 47장의

---

* 이런 제목은 인식과 도덕의 측면에서 민중이 군주보다 더 뛰어나다는 마키아벨리의 관점을 드러낸다. 여기에서 "다수"라는 표현은 단일한 정치적 행동의 주체로 간주된다. 이점에서 마키아벨리는 "다수"가 정치적으로 무능하다는 《로마사》 6권과 17장의 티투스 리비우스의 관점과 충돌한다. 오히려 그는 성서의 "민중의 목소리는 신의 목소리이다"라는 금언에 의지하는 것처럼 보인다. 다수의 목소리는 신성한 성격을 지녔다는 것이다. 바로 이점에서 민중의 뛰어난 의견에 대한 그의 호의적 관점이 발견된다.

주요 명제가 제시된다.

> 인간들은 일반적 판단을 내리는 데 있어서는 속게 되지만, 세부적인 것에 대해서는 속지 않는다.

민중이란 무엇인가? 그것은 하나의 집단의견이다. 이 의견의 토대는 굳건한가? 아니다, 대부분의 경우 그것에는 오류가 있다. 어째서 그러한가? 민중은 사물들을 멀리서 바라보기 때문이다. 공화정이란 무엇인가? 이런 견해를 중시하는 체제이다, 비록 그것이 감정이나 편견에 해당한다고 할지라도. 어떻게 공화주의자가 될 수 있는 것인가? 민중이 권력의 실체에 가까이 다가가게 허용하고, 그들이 사물들을 가까이서 눈으로 확인하고, 일반적인 관념들에 의해 더 이상 속아 넘어가지 않게 된다면 그렇게 된다.*

---

* 이점에서 마키아벨리의 민중에 대한 태도는 중의적으로 보이지만, 그가 민중을 신뢰한다는 점을 부인할 수는 없다. 마키아벨리즘이 간과한 것은 바로 민중에 대한 이런 그의 태도이다. 민중은 공화정의 근간이다. 다만 민중은 속임을 당하기 쉽고, 의견이 오류로 가득 차 있을 수 있으며, 일관되지도 않다. 인간 본성이 그러하기 때문이다. 따라서 민중은 부패하지 않아야 한다는 조건의 제약을 받는다. "법률의 통제"를 받아야 한

다는 것이다. 군주는 이런 인간 본성을 파악하고 가변적인 현실에 '필요'한 정치적 태도를 선택하는 비르투를 갖추고 있어야만 한다. 이런 이유로 저자는 위에서 '정치인류학'이라는 표현을 사용하지 않을 수 없었다. 《군주론》은 군주의 통치방식에 관한 책이지만, 동시에 '인간 본성'을 다루고 있기도 하다.

22

갈등의 찬양

한번 곰곰이 생각해 보자. 다음과 같은 말은 지나칠 정도로 반복되어 왔다. 세네카와 같은 스토아학파에서 페트라르카와 같은 인문주의자들에 이르는 모든 모럴리스트들은 군중이란 말이 많고 교양 없는 괴물이라고 말해왔다. 이런 민중이 어떻게 자신을 통제할 수 있겠는가?

그런데 마키아벨리는《티투스 리비우스의 로마사 논고》에서 그럴 수 있다고 대답한다. 왜냐하면 민중이란 매우 무지하지만, 진실에 다가갈 수 있기 때문이다. 민중은 자신들이 원하는 것, 아니 좀더 정확히 말한다면 자신들이 원하지 않는 것, 즉 지배를 당하는 것이 어떤 것인지를 알고 있다. 이것을 알고 있기에 그들은 진실에, 지배의 진실에 접근할 수 있다.

이런 생각은 이미 《군주론》 9장* 에서 등장한 바 있다. 거기에서 우리는 이런 문장을 읽을 수 있다.

> 사람이 사는 모든 곳에서 우리들은 서로 다른 두 개의 기질을 발견한다. 민중에게는 귀족들에 의해 지배당하거나 억압당하지 않기를 바란다는 기질, 이와 반대로 귀족들에게는 민중을 지배하고 억압하기를 바란다는 기질이 있다.

그렇다, 두 개의 기질이 있다. 오늘날의 우리는 그것을 두 개의 사회적 열망이라고 바꿔 말할 수 있을 것이다. 그렇지만 마키아벨리는 분명하게 "기질"이라고 말했다. 즉 그는 히포크라테스가 의학에서 사용한 은유를 사용했다.

히포크라테스에게 있어서 육체의 건강함은 체액의 균형에 달려있다. 의사는 이런 균형에서 눈을 떼지 않는다. 정치술도 의술과 다르지 않다. 진단을 내리기 위해 특이성을 찾아내는 기술이기 때문이다. 그렇지만 마키아벨리의 진단은 《티투스 리비우스의 로마사 논고》에서 읽을 수 있다. 사회라는 육체의 건강함은 기질의 균형에서 나온다. 즉 혼란들

---

* 저자는 8장이라고 언급하고 있지만 9장에 해당한다.

을 부인하는 정치질서가 아니라 무질서한 사회를 조직화하는 데에서 비롯된다. 달리 말하면 공화정은 불화에 토대를 두고 있으며, 공화정은 이런 갈등을 평화적이게—왜냐하면 균형을 갖추게 되기 때문에—배치하는 구성체이다.

그런데 약간은 혼란스럽고 아니면 약간은 충격적인 무언가가 또 있다. 좋은 법이라는 것이 고결한 법률가들에 의해 태어난다고 우리는 생각하지 않는가? 그렇다면 우리는 여전히 이상주의자이다. 결단코 그렇지 않다. 정의로운 법은 사회의 이런 본원적 갈등을 잘 운용하는 것에서 태어난다. "자유를 위해 만들어진 모든 법은" 이런 두 기질의 "대립에서 태어난다"고 마키아벨리는 적고 있다. 그가 로마의 위대함이 평민과 원로원 사이의 균열 덕분이라고 말한다면, 그는 다시 한번 치유 불가능한 선동가의 모습을 여전히 드러내는 셈이다. 그는 피렌체인들이 대립을 증오하고 폭동을 두려워한다는 것을 알고 있다. 그러나 그는 고대인들의 지혜가 이런 갈등을 조직화하고 대립을 조화롭게 만들었다는 것도 알고 있다.*

* 마키아벨리의 독창성은 사회의 균형과 화합을 위해 사회적 갈등을 극복해야 할 대상으로 간주하는 기존의 정치사상과는 맥락을 달리한다는 데 있다. 만약 그가 갈등에 토대를 둔 사회를 생각한다면 염세주의자이기

바로 이런 것이 정치이다. 그것은 민중이 질서를 이루게끔 만드는 일이다. 자유로운 삶, 전적으로 자유로운 삶은 법—즉 모든 사람이 강제적이라고 인정하는 바로 그 규범—에 의해 규제를 받기 때문이다. 그런데 마키아벨리에 따르면 민중의 정신에 가장 큰 해를 끼치는 것은 "법을 만들고 그것을 지키지 않는 것, 더더군다나 법을 선포한 자가 그것을 준수하지 않는 것"이다.

《로마사 논고》의 저자가 지배자와 피지배자를 서로 대립하게 만들었다고 생각할 필요는 없다. 1권의 유명한 58장을 다시 한번 읽어보자.

> 자기들로부터 공공의 재산을 약탈할 것이라고 염려가 되는 그런 사람들을 군중의 잔인성이 겨냥한다면, 군주의 잔인성은 자기 재산을 빼앗아 갈까 보아 염려가 되는 군중을 겨냥한다.

때문이 아니다. 그는 갈등에 대한 어떤 체념, 즉 갈등을 비껴갈 수 없다는 생각을 갖지 않는다. 오히려 법이라는 것은 뛰어난 법률가에 의해 고안되기보다는 갈등의 한복판에서 법이라는 것이 "태어난다고" 판단한다. 사회의 갈등이 법의 탄생을 가능하게 만든다는 것이다. 바로 여기에서 마키아벨리는 민중의 자유에 대한 욕망을 강조한다. 민중은 사회적 갈등 속에서 자연스럽게 자유를 욕망하기에 이르기 때문이다. 갈등이 없으면 자유에 대한 욕망도 없다.

두 기질 사이의 균형을 이루는 원칙을 받아들이는 것, 그것은 이미 정의에 대한 사랑을 민중행동의 동력으로 인정하면서 민중의 편에 서는 것이다. 마키아벨리, 그 역시 이상주의자가 되려고 하는 것인가? 천만에 그렇지 않다. 그리고 이 점에서 그는 위험지대, 역사 안에서 벌어진 폭력이라는 위험지대에 접근하고 있다.

23

무장 해제된 피렌체

괜찮다면 다시 정원으로 내려가 보자. 루첼라이 정원에서 마키아벨리는 피렌체의 야심찬 애국주의자들과 함께 고대 문학과 자기 시대의 정치에 대한 환담을 나누고 있다. 우리의 저자는《전술론》의 허구적 대화의 장소로 바로 이 정원을 정했다. 그는 용병대장과 귀족정치 옹호자가 서로 맞서서 로마군단의 편제와 이를 토대로 당대 전술의 대대적 개혁 필요성에 대하여 의견을 나누게 만든다. 이 논설은 유일하게 마키아벨리가 살아있을 때, 즉 1521년에 간행된 것이다. 이 책은 고고학적이면서(고대인들의 전략에 대한 생각을 해박하게 늘어놓고 있으므로) 동시에 기술적이고(군대의 통솔을 위한 전술유형이 다루어지므로) 그리고 특히 정치적이다.

왜냐하면 군대라는 문제가 권력을 행사하는 데 있어서 매우 중요하다는 것을 마키아벨리는 확신하고 있었기 때문이다. 권력은 무엇보다도 이것을 근본으로 선택할 때 권력일 수 있으며, 이 선택에 의해 다른 모든 것들이 좌지우지된다. 누구를 무장시킬 것이고, 누구를 무장시키지 않을 것인가? 다른 말로 바꿔본다면 이런 질문이 될 것이다. 어떻게 합법적 폭력의 방책을 마련할 것인가?

이점에 관해서 그는 확신을 지녀왔다. 그것도 아주 오래 전부터 그랬다. 이런 확신은《군주론》에서 다음과 같이 가감 없이 표현된다.

> 이탈리아 몰락의 유일한 원인은 이 나라가 수년 전부터 용병대에 의존했다는 데 있다.★

부를 쌓은 전쟁영웅들, 한 푼도 없이 출발했지만 모든 것을 행할 준비가 된 이 전쟁 청부업자들은 전쟁을 치루기 위해, 아니 더 나아가 전쟁을 피할 목적으로 돈을 지불받았다. 이탈리아에서는 그들을 "콘도티에로(condottiero)"라고 불렀다. 그들은 이탈리아 도시국가들과 '계약(condotta)'을 체결했

★ 《군주론》 12장.

기 때문이다. 그렇다고 해서 그들이 더 많은 보수를 지급하는 자의 휘하에서 군복무를 하기 위해 배반을 서슴지 않은 것도 아니다.

사실 이런 설명은 분명 과장되었다. 15세기의 이탈리아 공국들은 용병대의 통제력을 확보하기에 이르렀기 때문이다. 그렇지만 막강한 군주국들이 보유한 상비군과 비교해 보면 이 용병대는 턱없는 것이었다. 특히 그것은 마키아벨리가 부단히 밀어붙이고 있는 다음과 같은 정치원칙을 위반하는 것이기도 했다.

> 있을 수 있는 가장 최고의 군대는 민중을 무장시킨 군대이다.*

바로 이것이 그가 평생 싸워온 대상이었으며, 결코 이론에 그치는 것도 아니었다. 1509년에 그는 피렌체에서 민병대를 일으킨 바 있으며, 사망할 때까지 민병대의 군사적이고도 정치적인 효율성을 옹호하려고 시도했다.

포악하면서도 용맹했던 로마군단을 모방하자는 것인가? 분명 그랬다. 그가 보기에 고대의 군대는 근대적이었다. 그

---

* 《군주론》 13장.

렇지만 마키아벨리는 또한 자기 시대의 뛰어난 사례들을 생각하기도 했다. 왜냐하면 이 사례들은 "고대 민병대의 몇몇 잔영들을 보존하고 있는 유일한 것들"이었기 때문이며, 스위스인들은 "근대적인 전쟁의 달인들"이었기 때문이다. 사실 1510년대에 스위스군대는 이탈리아에서 정치상황의 중재자 역할을 담당했다. 그러나 마키아벨리가 가장 크게 탄복한 것은 지역의 자치권을 지킬 목적으로 결속된 이 농민 출신 군인들의 정치적 응집력이었다.

마키아벨리의 비방자들은 그가 집 안에 처박혀서 대포가 뭔지도 모르면서 고대의 호전성을 환상에 빠져 복원하려고 꿈꾸는 모사가라고 조롱했다. 그들이 틀렸다. 마키아벨리는 정치적이면서도 난폭한 게릴라전이라는 그런 더러운 전쟁을 다룬 최초의 이론가였으며, 그런 전쟁에서 군사작전은 "짧고 굵게", 즉 번개처럼 단번에 그리고 대대적으로 치러져야만 했다. 그는 전투를 서로 다른 세력 사이의 발작적인 충돌이 아닌 다른 것으로는 상상하지 않았다. 유달리 실제적인 그의 이런 생각은 정치적인 선택의 한복판에 폭력을 위치시킨다는 점에서 대단히 불편한 것이다. 폭력 없이 살아갈 수 있기를 누구나 진정으로 원할 것이다. 그런데 그런 방법이 우리에게 있기나 한가?*

★ 저자는 22장에서 다룬 내용을 연장한다. 마키아벨리에게 있어서 갈등은 극복의 대상이 아니라 권력을 유지하기 위해 필요한 대상이다. 올바른 통치는 갈등을 있을 때 만들어진다는 것이 그의 주된 관점이다.

24

정치에 내재된 폭력

《전술론》은 다음과 같이 빈정거리면서도 냉혹한 언급으로 끝을 맺는다.

> 우리 이탈리아의 군주들은 집무실에 틀어박혀 기발한 답변을 상상해 내고, 멋들어진 편지를 쓰고, 섬세하고 적절한 무언가가 자기들 말에 있다는 것을 드러내고, 술수를 꾸며댈 수 있고, 황금과 보석으로 장식하고, 다른 이들보다 더 잘 자고 더 잘 먹는 것으로 충분하다는 생각을 했다. (…)

그리고 변덕스러운 운명을 피하기 위해 이 모든 것들이 필요하다고 생각했다. 가련한 자들이다. "엄청난 공포, 뜻하지 않은 도주 그리고 어처구니없는 재난"이 닥쳐왔지만 그들은 그것을 보지 못했다.

이렇게 말하면 할 말은 다한 셈이다. 이탈리아의 르네상스가, 오늘날 통용되는 저속한 용어를 사용하자면, 문화적 자산의 상업화에 과잉투자가 가능했던 것은, 군주들이 그것을 권력의 딸랑이로 삼아 관심을 다른 곳으로 돌리기 위해서가 아니라, 오히려 자신들의 모든 힘을 쏟아부어 그것을 효과적으로 작동시켜야 한다고 생각했기 때문이다. 달리 말해, 권력을 미화하는 것이 권력을 지켜내는 하나의 방식이었다. 비위를 맞춰주는 지식인들과 보기 좋은 것들로 자신들을 감싸면서 그들은 스스로를 지켜나간 것이다.

이런 생각은 나름의 위안이 되고 기분 좋은 것이 될 수도 있다. 우리를 기꺼이 달갑게 할 수도 있다. 그러나 이런 생각은 정언적 명령에 버금가는 마키아벨리의 호탕한 웃음으로 인해 산산조각이 나고 만다. 《군주론》에서 "신중한 군주는 전쟁과 전쟁의 구조 그리고 전술 이외의 다른 관심사를, 다른 생각을 가져서는 안 된다"*라는 말을 우리는 읽을 수 있기 때문이다. 자, 그렇다면 평화란 또 무엇인가? 이에 대해 마키아벨리는 다음과 같은 답을 내놓는다. 그것은 잠재된

---

* 《군주론》 14장.

폭력이다. 은밀한 위협의 효과가 있는 것이 아니라면 굳이 발휘될 필요가 없는 폭력, 모호하면서도 막연하며 표현되지 않기 때문에 그만큼 더 효과적인 폭력이다.

권력의 이런 가림막은 쿠데타가 발생했을 때와 같은, 어떤 특별한 상황들 안에서 노출된다. 《티투스 리비우스의 로마사 논고》는 후에 별개로 떼어져 출판될 짧은 글에서 이것을 환기한다. 역사상의 여러 사례들이라는 거대한 팔레트를 이용하는 마키아벨리는 군주에게 가장 위험한 것은 무엇보다도 가까운 자들의 음모라는 것을 증명해 낸다.

> 음모로부터 자신을 지켜내려는 군주는 자신이 심하게 모욕했던 사람들보다는 오히려 자기가 은혜를 더 많이 베풀어주었던 자들을 한층 더 두려워해야만 한다.*

요컨대 음모는 대부분의 경우 실패로 끝나게 되며, 그것을 꾸며낸 자들에게 오히려 위험한 것이 된다는 것을, 따라서 결실을 맺지 못하는 정치적 투쟁의 한 형태라는 것을 마키아벨리는 보여준다.

---

* 《로마사 논고》 3권 6장.

쿠데타라는 것은 권력을 더 강하게 만든다. 그러나 이런 내 말을, 아니 다음과 같은 말을 잘 이해하시라. 도박에는 언제나 더 나은 패가 있기 마련이다—권력이 강해진다는 것은 약해지는 것과 같다. 마키아벨리는《피렌체사》에서 그것을 말한 바 있다.

> 그런 음모의 공격을 받은 군주가 만약 살해되지 않는다면—그런 일은 잘 벌어지지 않는다—그는 더 많은 힘을 얻게 되고, 만약 그가 예전에는 선왕이었다면, 대개는 악랄해진다. 음모는 그에게 두려움을 불러일으킨다. 두려움, 그것은 자신을 더 강하게 만들려는 욕망이다. 이런 욕망, 그것은 폭력을 써야 한다는 필연성이며, 거기에서 뒤이어 증오가 태어나고, 대개의 경우 그의 몰락을 초래한다. 그렇게 음모는 그것을 꾸몄던 자들에게 손해를 입히게 되고, 그러고 나서는 시간이 흘러가는 동안 그것이 겨냥했던 자들에게도 해로운 것이 되고 만다.

역설의 취향을 경멸하지 않는 한 사상가의 빙빙 꼬인 표현이라고나 해야 할까? 그러나 그보다 더 심오한 무언가가 이 안에 있다. 쿠데타는 통치행위 안에 기본적으로 잠재되어 있는 폭력이라는 권력의 비밀을 세상에 누설시킨다. 그러나, 보시라, 폭력을 드러내는 순간 폭력은 약화된다. 그것은 형태를 갖추지 않았을 때에만 강력하다. 마키아벨리와 함께라면 임금님은 벌거숭이라는 그런 말을 할 이유가 하나 더 생긴 셈이다.

25

목적이 수단을 정당화하지 않는다

형제를 살해한 한 인간에 대한 이야기가 있다. 이 자는 형제를 잔혹하게 살해했다. 그와 함께 권력을 나누길 원치 않았기 때문이다. 그는 오직 혼자서 도시를 건설했으며, 이 도시는 역사상 가장 위대한 제국의 수도가 되었다. 그 도시는 로마이며, 살해자는 로물루스(Romulus)라고 불렸고, 그의 쌍둥이 형제인 레무스(Rémus)는 그와 함께 늑대의 젖을 먹고 자랐지만 이런 건국살해의 희생자가 되었다. 우리는 이 이야기를 잘 알고 있다. 그런데 이 이야기를 사람들은 어떻게 다루고 있는가? 한 국가의 위대함이 원죄적 살인이 초래한 피 값을 치러야 했다는 이런 생각을 어떻게 감당해야 한단 말인가?

이런 동족살해에 대해 로마와 이후의 기독교 전통은 크

게 두 갈래로 나뉘어졌다. (특히 티투스 리비우스가 설명한) 첫 번째 전통은 범죄를 최소화한다. 반대로 두 번째 전통은 범죄를 부풀린다. 예를 들어 키케로는 이 범죄를 모든 내란의 모태—아우구스티누스와 같은 기독교 작가에게서는 모든 정치체제를 구축하는 데 있어서 원죄가 되는 모태—로 삼는다.

그렇다면 마키아벨리는 어떠한가? 항상 그래 왔듯이 그는 이 거북한 문제를 이리저리 비껴가지 않고 직접 마주 대한다. 이것은 법이 폭력을 기반으로 구축된다는 문제이기 때문이다.《티투스 리비우스의 로마사 논고》에서 그는 앞의 두 전통과는 정반대의 입장을 취한다. 그렇다, 그는 이렇게 쓰고 있다.

> 많은 이들은 로물루스가 그랬던 것처럼 공화정 설립자가 자기 형제를 살해한다면 그것을 나쁜 사례로 간주하게 될 것이다.*

헌데 로물루스가 포악했다면, 그것은 "파괴하기 위해서"가 아니라 "안정을 되찾기 위해서"였고, "자신을 위해서가

---

* 《로마사 논고》 1권 9장.

아니라 만인의 행복을 위해, 자신의 승계를 위해서가 아니라 조국에 도움을 주기를" 원했기 때문이다. 따라서 다음과 같은 주장으로 귀결되어야만 한다. "벌어진 일은 그를 비난하게 만들지만, 그것이 가져온 결과는 그를 용서하게 만든다는 점에 대해서는 동의를 해야 한다."*

잘 이해하셨는가? 그가 한 말은 결국 이랬다! 그러나 우리가 잘 알고 있듯이 유명한 이 문장이 행위로 보면 비난받을 만하지만 그래도 로물루스를 용서해야 한다는 그런 비열한 원칙으로 마키아벨리의 비판자들이 축소해 버린다면, 그것은 목적이 수단을 정당화한다고 인정하는 것이 된다. 그렇지만 실제로 이것의 의미는 훨씬 미묘하다. 마키아벨리는 조만간 다가올 미래 안에 자기를 위치시키면서 글을 썼다. 로마의 건국은 로물루스의 범죄를 용서하지만, 그것은 일이 벌어진 후에야 용서한 것이기 때문이다. 로물루스에게는 제 형제를 살해할 권리는 없었지만, 그가 살해의 권리를 얻게 되는 것은 자신의 행위가 이로운 결과를 낳았다는 것이 증명된 이후에서이다. 이것은 권력이 합법적으로 얻어졌다고 하더라도 언제나 법 안에 있다는 것을 의미하지는 않는

* 같은 곳.

다—권력은 정확히 말해서 무력과 법의 구분이 모호한 문턱에 위치한다. 법의 효력을 얻게 된 것은 법 밖에서, 즉 원죄적 폭력을 배제한 그런 곳에서 기원을 찾게 된다. 그리하여 우리는 국가건국자의 폭력을 비난하면서도 동시에 그의 건국이 지닌 권위를 인정할 수 있게 되는 것이다.

여하튼 이것은 목적이 수단을 정당화한다는 것을 의미하지 않는다. 이런 말, 마키아벨리는 그런 것을 결코 쓴 적이 없을뿐더러, 그런 말을 쓸 수도 없었을 것이다. 그의 필요의 철학은 시간의 불확정성과 정치적 행위의 예측 불가능성이라는 원칙에 기초를 두기 때문이다. 따라서 수단으로 목적을 정당화할 수는 없을 것이다. 왜냐하면 우리가 행동을 취하는 순간에도 그 행동의 결과를 우리는 알지 못하기 때문이며, 언제나 뒤늦게 모습을 드러낸 결과에 의해서 행동의 수단은 정당화되기 때문이다. 통치한다는 것, 그것은 시간의 불명확성이라는 어둠 속에서 행동하는 것이다. 이런 교훈은 끔찍하다. 그리고 바로 그런 이유로 인해 레무스를 대상으로 시작되었던 로물루스의 저 건국살해는 오늘날에도 여전히 지속되고 있다.

결코 늦지 않았다

26

역사를 쓰다

1519년 5월 4일, 스물일곱의 나이로 로렌초 데 메디치가 사망한다. 이 짧았던 삶을 그는 많은 이들이 자기에게 걸었던 정치적 희망에 실망을 안겨주는 데 사용하고 말았다. 마키아벨리는 그에게 《군주론》을 바쳤지만 별 소용이 없었다. 그가 이제는 세상에서 사라졌으니, 행동을 취해야만 했다. 교황 레오 10세는 사촌인 추기경 줄리아노 데 메디치에게 피렌체 통치의 짐을 지게 했다. 여전히 메디치가 사람이었다. 그런데 이 사람과는 어쩌면 말이 통할 수 있을 것 같았다.

권력자들에게 끈덕지게 달라붙은 나머지 마키아벨리는 마침내 무언가를 손에 쥐게 된다. 이듬해인 1520년에 피렌체 아카데미 회원들은 이 과거의 유형자에게 피렌체 역사를 주문하게 된다. 라틴어로 쓰던, 이탈리아어로 쓰던, 원하는 대로, 2년 동안, 더도 말고 덜도 말고 금화 57플로린을 대가로 글을 쓰라는 것이다. 받아들일 것인가, 거부할 것인가?

그는 받아들였다. 이제 마키아벨리는 피렌체라는 도시, 아니 오히려 피렌체를 지배하고 있는 메디치가의 연대기를 작성하는 공식 책무를 맡은 정치사가(政治史家)가 된 것이다. 공화정을 내동댕이쳤던 자들의 아첨꾼을 자처할 정도로 정치적 내기의 안쪽으로 뛰어들 모든 채비를 그가 갖추었다는 말인가? 당연히 그렇지 않다. 그는 속마음을 숨길 것이다. 그는 1521년 5월 17일 친구 귀차르디니에게 보낸 편지에서 이렇게 쓰고 있다.

> 몇 해 전부터 내가 생각하고 있는 것을 나는 결코 말로 하지 않으며, 내가 말한 것을 결코 생각하지도 않으며, 가끔씩 내가 진실을 말한다고 해도 알아차리기 힘든 수많은 거짓들 속에 그것을 감추어왔다.

그렇다면 그가 결국엔 사 년 만에, 그것도 이탈리어로 작성한 이 《피렌체사》에서 우리는 진실을 어찌 발견할 수 있단 말인가? 이 안에는 이중성을 발휘한다는 것을 훨씬 넘어서 자기 시대의 위대한 자들을 그가 모독하는 방식이 담겨 있다. 마키아벨리 입장에서 역사를 쓴다는 것은 혐오감을 느끼는 자신을 드러낼 수 있다는 것을 의미한다. 마땅히 자신의 후원자들에 대해서뿐만 아니라 그들의 파렴치함을 규탄할 것을 그로부터 기대하는 사람들에 대한 혐오감을. 따라서 영악해지는 것, 그것이 서술의 주된 동력이 된다. 역사가는 위대한 자들을, 훌륭한 원칙들을 찬양하지 않으며, 궁정인들처럼 굽실거리지 않는 것과 마찬가지로 미덕을 찬양하는 장광설에 빠져들어서도 안 된다.

그렇다, 역사에 대한 기술은 마키아벨리에게 자기 도시의 정치적 미래가 경험할 분쟁과 불화 그리고 증오가 지닌 힘을 묘사하기를 요구했다. 이 책의 가장 유명한 문장은 "치옴피(Ciompi)" 난(亂)과 관련된다. 이 사건은 1378년 여름에 일어났으며, 이 기간 동안 대형 직물공장의 극빈 노동자들이 피렌체의 권력을 장악했다. 150년이 지난 후에도 여전히 몸을 부들부들 떨어낼 정도로 자본가들의 공포는 대단했다.

헌데 마키아벨리는 정치적 폭력을 권장하는 폭동 선동자에게 말의 권리를 부여하면서 이 엄청난 공포를 직접 대면한다.

확실한 정복을 향해 우리가 나아가고 있다고 여겨진다. 왜냐하면 우리를 가로막을 수 있는 자들은 부자들이지만 분열되었기 때문이다. 따라서 그들의 분열은 우리에게 승리를 안겨줄 것이며, 그들의 부(富)를 우리가 손에 넣게 되면 우리는 그것을 유지해 나갈 것이다. 우리에게 맞서는 그들이 명문 가문 출신이라는 점에 불안해하지 말라. 동일한 기원에서 태어난 모든 인간은 그들과 마찬가지로 오래된 가문 출신이며 자연에 의해서 동일한 방식으로 이 세상에 나왔기 때문이다. 옷을 한번 벗어보라, 우리의 모습이 같다는 것을 보게 될 것이다. 우리가 그들의 옷을 걸치고, 그들이 우리의 옷을 입게 해보자. 그러면 우리는 분명히 고귀하게 비쳐질 것이고, 그들은 그렇지 않게 보이게 될 것이다.*

시위를 일으킨 노동자들이 마치 마키아벨리의 대변인이 된 것인 양 여겨지는 이 구절을 사람들은 오랫동안 일종의 선언문으로, 전복을 꾀하는 화선(火船)으로 읽게 될 것이다. 그러나 역사를 쓴다는 것은 과거의 사람들이 입으로 말한 멋진 연설을 옮겨내며 복화술사가 된다는 그런 것이 아

* 《피렌체사》 3권 13장.

니다. 역사를 쓴다는 것은 여기에서는 "치옴피"와 메디치가 사람들에게 동등한 위엄을 부여하는 일이 되며, 소리 없던 말을 들려주는 것이고, 간결하고 단순하게 이러이러한 일이 있었으며 이러이러한 것이 가능했다고 말하는 것이 된다.*

---

* 마키아벨리의 역사 서술에서 발견되는 문체적 특징은 《피렌체사》의 프랑스어 번역 사례에서 확인될 수 있다. 이 책의 프랑스어 번역본은 1577년 이브 드 브리농(Yves de Brinon)에 의해 처음 소개된다. 번역은 메디치가 출신 프랑스 국모였던 카트린 드 메디치의 권고에 의해 진행되었다. 카트린은 마키아벨리의 《로마사 논고》를 번역했던 자크 고오리(Jacques Gohory)에게 자기 선조들의 역사를 다룬 《피렌체사》의 번역을 주문한다. 그러나 고오리는 번역에 착수하지 못했으며, 그를 대신해 브리농이 번역에 임하게 된다. 이점에서 《피렌체사》의 프랑스어 번역은 신교 대학살의 주범으로 간주되었으며, 마키아벨리의 영향을 받았다고 비난받던 카트린의 정치적 목적에 의해 진행되었다고 말할 수 있다. 그런데 아그리파 도비네(Agrippa d'Aubigné)와 같은 신교도 작가는 이탈리아의 방탕함과 메디치가의 피렌체를 신랄하게 비난했음에도 불구하고, 《피렌체사》를 "마키아벨리의 경이로운 광채"라고 높이 평가한다. 이것은 역사적 진실을 기술하는 마키아벨리의 명확하고 간결하며 장식성이 배제된 문체에 대한 칭송이기도 하다. 시대의 비참을 다룬 〈비극(Les Tragiques)〉이라는 방대한 작품을 썼던 아그리파 도비네는 사실을 눈으로 확인하지 않는 자들의 전유물인 "멋진 말들"을 철저하게 거부하는 마키아벨리를 찾아낸다. 그가 보기에 마키아벨리는 귀족과 민중 그리고 교황과 교회의 갈등 등과 같은 분열의 메커니즘을 회피하지 않고 두 눈으로 직접 바라보고 증명한 뛰어난 서사 작가에 해당한다.

27

너무 늦었는가?

그가 다시 돌아왔다. 아니다 오히려 갑자기 튀어나왔다. 1520년 3월 17일, 막강한 권력을 지닌 그의 친구 필리포 스트로치(Filippo Strozzi)는 〈전술론〉을 헌정받은 매형 로렌초에게 이렇게 쓰고 있다.

> 마키아벨리를 메디치가 사람들에게로 데려오는 데 성공하셔서 기쁩니다. 그가 우리 지도자들의 신뢰를 조금이나마 얻는 것이 필요해 보입니다. 갑자기 모습을 드러내고 있기 때문이지요.

니콜로 마키아벨리는 잃어버린 시간을 다시 회복할 수 있을 것인가? 8년 동안, 유형과 글쓰기로 세월을 보낸 그는 이제 정치활동의 길로 다시 접어들었다. 처음에는 그에 대한 사람들의 신뢰가 조심스러웠기에 그에 상응하는 평범한 임무들을 맡았다. 루카(Lucca)에 가서 무역과 관련된 일들을 다루었으며, 카프리에서는 토스카나 프란체스코회 참사원과 협상을 진행했다. 이후 1523년 11월, 마키아벨리에게 《피렌체사》 집필을 권고했던 추기경 줄리아노 데 메디치가 클레멘스 7세라는 이름으로 교황의 자리에 오르게 된다. 따라서 마키아벨리의 활동반경이 넓어지게 되었다. 이제 그는 로마와 베네치아에 대사로 떠나게 되었다.

그러나 같은 시기에 이탈리아의 사정 역시 또 다른 양상을 띠게 되었다. 이탈리아 전쟁이 2막으로 접어든 것이다. 말 그대로 유럽 전체의 문제가 되었다. 프랑스 국왕 프랑수아 1세, 합스부르크가 출신으로 부르고뉴공국과 나폴리왕국의 계승자이며 스페인 국왕이면서 신성로마제국 황제인 카를 5세, 전 세계를 정복하려는 이 두 명의 막강한 대군주가 서로 대립하게 된 것이다. 1525년 2월 24일 카를 5세는 파비아(Pavia)에서 프랑수아 1세에게 처참한 패배를 안겨주었지만, 독일에서는 루터의 종교개혁을 지지하는 농민들이 봉기했다.

역사는 이제부터 대대적으로 펼쳐지게 된다. 역사의 맹렬한 흐름 속에서 요동치지 않기 위해 이 작은 이탈리아 공국들이 무엇을 할 수 있었겠는가? 운명은 마치 불어난 강물과 같았다. 1526년 6월에 마키아벨리는 제국의 군주들과 전쟁을 벌이기 위해 코냐크 동맹군이 모여있던 롬바르디아 들판으로 돌아갔다. 코냐크 동맹은 베네치아, 피렌체, 밀라노, 프랑수아 1세 그리고 교황이 서로 힘을 합친 연합군이다. 마키아벨리는 군인으로서의 삶을 다시 살게 된 것이다. 그는 젊고 똑똑한 용병대장 조바니 달레 반데 네레(Giovanni dalle Bande Nere)를 알게 되었고, 프랑스인들이 기샤르댕(Guichardin)이라고 부르는 교황군 총사령관이었던 친구 프란체스코 귀차르디니를 다시 만났다.

지난 몇 년 동안 그는 귀차르디니와 서신을 꾸준히 교환해 왔다. 귀차르디니는 마키아벨리에게 이렇게 쓴 바 있다. "그 누구보다도 그대는 언제나 대중의 의견에서 아주 멀리 떨어져 있었으며, 새롭지만 엉뚱한 것들을 고안해 왔다."* 너무 늦었는가? 행동을 취하기에는 분명 그랬다. 공화정에 그리고 제국의 군대들에 맞서 무장을 하기에는 이탈리아인들이 무기력하다는 것에 이제 그는 절망하게 된다. 그러나 앞날을 도모하고 재난을 예고하기에는 아주 늦지는 않았으

* 귀차르디니가 마키아벨리에게 보낸 1521년 5월 18일자 편지.

며, 반격을 준비하기에도 결코 늦지 않았고, 우정의 정치에 진력하기에도 너무 늦은 것은 아니었다.

역사란 무엇이며, 역사를 되돌릴 수 있단 말인가? 귀차르디니는 자신이 즐겨 선택하는 측은해하면서도 짓궂은 어조로 벗에게 보낸 편지에서 이렇게 표현하고 있다.

> 친애하는 마키아벨리여, 나는 오직 인간의 얼굴과 사물의 겉모습은 바뀌지만 언제나 같은 일들이 벌어진다고 마음 깊이 생각하고 있다. 게다가 우리는 예전에 일어났던 사건들을 지금도 목격하고 있기도 하다. 그러나 사물의 이름과 모양새가 바뀌었다고 해도 식자들만이 그것을 알아차릴 수 있다. 그렇기 때문에 역사는 유용하고 유익하다. 그대가 전혀 보지도 알지도 못한 것을 그대에게 보여주고 알게 만들기 때문이다.*

---

* 같은 편지. 마키아벨리가 작성한 《로마사 논고》의 주요 주제들을 귀차르디니가 알고 있었음을 증명하는 편지이다. 역사적 사건이 반복된다는 귀차르디니의 표현은 과거의 사례에서 현재에 유익한 교훈을 찾을 수 있다는 마키아벨리와 그가 신념을 공유했다는 암시이기도 하다. 귀차르디니는 〈피렌체 통치에 관한 대화(Dialogo del reggimento di Firenze)〉를 쓴 바 있다.

28

1527년, 세상의 종말

그림 한 점 남아있지 않은 대학살이 있다. 잔혹하면서도 한없이 길었던 약탈은 기독교 세계 전체에 충격을 주었지만, 1527년 5월 6일 로마를 점령한 황제군 총사령관 샤를 드 부르봉은 단 한 점의 그림도 남아있지 않게 만들었다. 그래서 당시의 유럽에게는 새로운 로마약탈(sac de Rome)이었던 이 충격을 지금의 우리들이 머릿속에 떠올리기에는 힘이 벅차다. 독일 루터보병이 벌였던 이런 폭력을 그들이 품은 적개심을 고려하지 않고서 어떻게 정당화할 수 있단 말인가? 카를 5세의 진영에서는 바로 그런 것이 문제였다고 너나없이 말하곤 했다. 마드리드에 체류하고 있던 알폰소 데 발데스(Alfonso de Valdès)는 부패한 도시에 대한 "레퀴엠"을 이런 식으로 노래했다. "로마약탈의 공포 하나하나는 로마를 더

럽힌 수치심 하나하나에 대한 명확하면서도 불가피한 섭리에 따른 징벌이다."

1527년에 바닥에 엎어져 버린 로마라는 이 거대한 시체를 고개 숙여 바라보면서 근대 유럽은 환상에서 깨어난다. 새로운 약탈의 소식이 5월 12일 피렌체에 전해진다. 메디치가 체제의 붕괴를 재촉할 정도로 충격은 파문을 일으켰다. 나흘 뒤에 일어난 민중폭동은 '평의회'의 부활을 요구했다. 공화정이 피렌체에 다시 들어서게 된다. 공화정은 마키아벨리가 뜨겁게 옹호했던 것이긴 하지만, 이런 공화정은 그가 바라지 않으려고 부단히 애를 썼던 것이기도 했다. 그의 시대가 다시 온 것인가? 아니다, 이번엔 그렇지 않았다. 정말로 너무 늦었다. 니콜로 마키아벨리는 당연히 자신을 천거했지만, 새로운 체제는 메디치가의 공화정 이상에 충실하지 못한 것으로 여겨졌던 자를 믿기보다는 즉각적으로 충성을 다할 수 있는 메디치가의 옛 하수인을 더 선호했다. 항상 이런 식으로 진행된다. 사람들은 통찰력보다는 배반을 언제나 선호한다.

이제 모든 것이 끝이 나고 말았다. 마키아벨리도 그것을 알고 있었다. 아마도 그는 오래전부터 자신의 죽음을 준비해 왔을 것이다. 13세의 아들 피에로가 숙부에게 보낸 1527

년 6월 21일 편지는 이렇게 적고 있다.

> 존경하는 프란체스코 숙부. 이달 21일 아버지 니콜로가 지난 20일에 복용한 약 때문에 생긴 복부통증으로 사망했음을 알리고자 하오니 눈물을 참을 수 없습니다. 그는 눈을 감을 때까지 곁에 머물렀던 마테오 신부에게 자기 죄를 고백하기를 바랐습니다.*

자기 죄를 고백한다고? 후세가 간직하게 될 것은 추억이 아니었다. 사람들은 마키아벨리가 죽기 전에 꿈을 꾸었다고 이야기하게 될 것이다. 그는 꿈속에서 누더기를 걸친 비참하고도 우울한 사람들이 자기에게 다가오는 것을 보았다. 반대쪽에서는 고귀하면서도 근엄한 일련의 다른 사람들이 걸어오고 있었다. 그가 첫 번째 사람들에게 이름을 물었더니 천국으로 들어가는 성인들이라고 대답했고, 두 번째 무리에게 물었더니 '지옥'으로 가는 저주받은 자들이라는 대

* 아들 피에로가 프란체스코 넬리오(Francesco Nellio)에게 보낸 편지이다. 편지의 진위에 대한 여러 논란이 있다. 죄의 고백을 원한 마키아벨리의 모습은 그의 성격과 어울리지 않기 때문이다. 오히려 반마키아벨리주의자들이 이런 임종의 모습을 고안해 냈다는 의견이 있다.

답을 들었다. 헌데 그는 당연히 이들을 알아보았다. 이들 중에는 그가 아주 너그럽게 대화를 나눴던 '고대'의 위대한 지성들이 있었다.* 이들과 함께라면 정치 얘기를 계속할 수 있을 것이다. 무슨 연유로 저 비렁뱅이들과 지루하게 보낸단 말인가? 한 치의 의심도 없이 마키아벨리는 결심을 내렸다. 저 위대한 자들과 함께 지옥에 가겠노라고.

후에 반마키아벨리주의자들이 마음껏 이용하게 될** 이 일화가 사실인지 아닌지를 구분하기가 불가능하지는 않다. 친구들에게 둘러싸여 눈을 감을 때 마키아벨리는 반종교적 선동가라는 자신의 이미지에 방점을 찍은 것이었다. 죽기 직전에 죄를 고백한 이 루크레티우스 독자가 지닌 종교적 감정이 어떠했을까? 그것에 대해 우리가 아는 바는 없다. 그러나 1527년 기독교 세계가 뒤흔들리는 순간에 그가 주고자 했던 것이 바로 자신에 대한 이런 이미지였음을 우리는 알고 있다. 역사는 그가 있건 없건 그에게 불리하게 진행될 것이다. 그것은 유령과 배반의 역사가 될 것이다.

---

* 고대의 뛰어난 인물들의 지식은 대부분 기독교 정신에 일치하지 않는다. 바로 뒤이어 루크레티우스가 언급되는 것도 이 때문이다.

** 마키아벨리의 이 "유명한 꿈(celebrato sogno)" 역시 위의 편지와 마찬가지로 불만에 가득차서 세상을 조롱하며 죽은 마키아벨리를 비방하기 위해 만들어졌다는 의견이 있다.

29

유령의 해부학

“그 어떤 찬사도 이토록 위대한 이름에는 어울리지 않는다.” 이것이 1787년 일반인들의 기금으로 마련된 피렌체 산타 크로체 성당의 마키아벨리 관 위에 라틴어로 새겨진 묘비명이다. 사망 다음 날 그는 바로 이곳에 매장되었다. 즉 1527년 6월 22일이었다. 그러나 한 작가의 몸이라는 것은 무엇보다도 그가 글로 쓴 작품들의 모음인 셈이다. 사람들의 격분과 빈축이 있긴 했지만 사망한 이후에도 그것은 우리 근대정치에 끊임없이 모습을 드러냈다.

1531년 8월, 교황 클레멘스 7세는 로마의 인쇄업자 안토니오 블라도에게 《군주론》, 《티투스 리비우스의 로마사 논고》 그리고 《피렌체사》 등 마키아벨리의 작품들을 세 권으로 묶어 출판할 독점권을 부여했다. 곧이어 다른 작품의 출간이 피렌체와 당시 유럽 출판의 수도였던 베네치아에서 이어졌다. 작품의 출간 속도와 저렴한 가격으로 책정된 판형은 영국 추기경 레지널드 폴(Reginalde Paul)이 "악마의 손가락으로" 쓰였다고 말한 이 책들에 대한 시장이 제대로 형성되었다는 것을 보여준다.

왜냐하면 시대가 변하면서 마키아벨리 작품의 보급은 조만간 반종교개혁의 잔혹함에 맞부딪치게 되었기 때문이다. 예수회 교단은 이탈리아에서 실질적인 반마키아벨리 운동을 대대적으로 펼쳤으며, 1559년에 《군주론》의 저자의 이름은 '로마가톨릭 금서목록'에 포함되기에 이른다. 이 "금서목록(Index liborum prohibitorum)"은 사악한 책들의 목록—1961년까지 '바티칸 금서목록 성성(聖省)'은 목록지정을 정기적으로 늘려가게 된다—으로서 그런 책들의 독서는 사형에 마땅한 죄악으로 간주되었다. 이 목록은 이론적으로는 처벌 작품들의 인용마저도 금지하였다. 교황청의 검열은 스페인에서는 직전까지만 해도 급속도로 퍼져나갔던 《군주론》의 번역보급을 봉쇄하였다. 반대로 프랑스에서는 검열이 번역보급을 가속화시켰다. 종교전쟁에 봉착한 정치상황 속에서 카트린 드 메디치는 자크 고오리에게 《군주론》 번역을 부추겼으며, 이에 대해 위그노들은 아무런 거리낌 없이 그녀를 마키아벨리적이라고 고발하였다.*

마키아벨리의 이름이 "~이즘"으로 왜곡되어 가는 것에 반해—마키아벨리즘이라는 표현은 지식인들이 정치인들에게 가하는 최고로 모욕적인 말이 되었다—마키아벨리의 사상은 계속해서 퍼져나갔다. 다만 차명(借名)으로. 16세기 혹은 17세기의 한 저자가 타키투스의 견해를 따르는 척 가장하게 되면, 대부분의 경우 그는 니콜로 마키아벨리에게 도움을 눈짓을 보내곤 했다. 가면놀이인가 아니면 속임수놀이인가?

---

* 1571년에 고오리에 의해 《군주론》 프랑스어 번역본이 출간된다. 이미 1546년에 자크 드 뱅티밀(Jacques de Vintimille)에 의해 처음으로 프랑스에 소개된 바 있던 《군주론》은 1553년에 기욤 카펠(Guillaume Cappel)에 의해 다시 번역되었고, 같은 해에 신교 출신의 가스파르 도베르뉴(Gaspard d'Auberge) 역시 새로운 번역을 출간했다. 도베르뉴 번역본은 17세기까지 20판을 거듭했다. 1560년대 중반까지 프랑스에서 마키아벨리는 반교황주의자로 간주되었으며, 비록 잔혹한 군주상이 제시되고 있을지라도 그것을 환자의 상처를 치료하려는 훌륭한 의사의 모습으로 간주해야 한다는 지적이 있었다. 이것은 이때까지 정치적 차원에서의 반마키아벨리 흐름이 형성되지 않았다는 것을 의미한다. 그러나 1574년 성 바르톨로메오 대학살 이후 마키아벨리로부터 《군주론》을 헌정받은 로렌초의 딸이기도 했던 국모 카트린 드 메디치가 이 책을 성경처럼 여긴다는 소문이 신교도들 사이에서 확산되었고, 이런 상황에서 이 책의 2장에서 언급된 이노상 장티예가 《반마키아벨리》를 1576년에 출간하게 된다.

심지어 생존 시에도 마키아벨리의 모습은 사라지기 시작했던 것 같다. 아니 오히려 흩어지기 시작했던 것 같다. 1523년 그는 불쾌하기 그지없는 놀라운 소식을 접하기도 했다. 나폴리에서 아고스티노 니포(Agostino Nifo)라는 존경할 만한 아리스토텔레스 유파의 철학자가 자기 이름을 갖다 붙여 라틴어《군주론》해적판을 유포했다는 것이다.* 마키아벨리에게서 작품을 훔쳐가는 데 그치지 않고 군주제를 찬양하기 위해 그를 완벽하게 왜곡한 것이다. 마키아벨리가 죽은 후에 작품은 서서히 흩어지다가 마치 구름처럼 보이지 않게 퍼져나갔다.

유령, 그렇다, 배회하는 유령이 되었다. 사람들은 이 유령을 벗어나지 못할 것이다. 그와 더불어, 그를 따르면서, 그에 반대하면서, 그것도 전적으로 그에게 반대하면서. 그러나 그가 함께 하지 않았던 적은 결코 없었다.

---

* 정확한 제목은《통치술에 관하여(De regnandi peritia)》이다.

30

폭풍우 속에서 생각하기

때는 1795년, 마르크 앙투안 쥘리앵(Marc-Antoine Julien)이 마키아벨리를 읽고 있다. 로베스피에르의 친구이며 국민공회의 일원인 그는 테르미도르 반동 이후에 수감되었다. 벌써 일 년도 넘게 그는 자신의 실패를 반추하고 있다. 그는 한 친구에게 이렇게 썼다. "저 성스러운 마키아벨리를 읽으라. 그러면 그대는 거기에서 우리의 혁명이론과 혁명에 가담했지만 혁명이 집어삼켜 버린 자들이 저지른 잘못들의 역사를 발견하게 될 것이다."

1864년, 모리스 졸리(Maurice Joly)가 마키아벨리를 읽고 있다. 나폴레옹 3세의 전제적인 제국통치에 절망한 그는《마키아벨리와 몽테스키외가 지옥에서 나누는 대화》라는 책을 저술한다. 마키아벨리는 완벽한 자기 논리로 몽테스키외를 압도한다. 그는 적대적인 목소리를 드높인다. 몽테스키외는 민주주의자임에도 불구하고 패하고 만다. 마키아벨리 앞에서 계몽주의 철학자는 과거의 낡은 사람이 되고 만다.

1933년, 안토니오 그람시(Antonio Gramsci)가 마키아벨리를 읽고 있다. 철학자이며 이탈리아 공산당 설립자의 한 명인 그는 파시스트 검사가 "우리는 이놈의 대가리가 이십 년 동안 작동하지 못하게 해야 한다"라는 조서를 진술한 이후에 수감되었다. 그 역시 공화주의사상이, 그리고 또한 "국가적 차원에서 인민의 집단의지를 창출하려 했던 모든 시도들이" 실패한 이유들을 알고자 했다. 한참 뒤인 1972년 철학자 루이 알튀세르(Louis Althusser)는 이렇게 덧붙이게 될 것이다. "만약 마키아벨리가 그람시에게 말을 건다면, 그것은 과거의 그가 아니라 현재의 그, 아니 더 나아가 미래의 그가 말을 거는 것이리라."

지금 우리는 마키아벨리를 읽고 있다. 이전의 다른 모든 사람들처럼 우리는 미래에 자리 잡은 그를 읽고 있다. 다른 모든 사람들, 그렇다, 단지 줄리앵, 졸리, 그람시만 그렇게 한 것이 아니다. 왜냐하면 만약 그람시가 마키아벨리를 읽었다면, 그것은 저 치명적인 자의적 해석으로부터 그를 구해내려고 했기 때문이다. 무솔리니가 그를 미학적으로 장식된 절대 권력을 특징으로 삼는 새로운 국가의 선구자로 만들려고 시도하지 않았던가?

모든 사람들이 마키아벨리를 읽는다. 패배한 자들이든 승리한 자들이든—심지어 실비오 베를루스코니(Silvio Berlusconi)는《군주론》의 서문을 쓸 뻔했다. 재앙을 음모하기 위해 마키아벨리를 읽는 사람들에게 어째서 특별한 시선을 돌려야 한단 말인가? 이 사람의 요동쳤던 운명에 대해 나름의 충실함을 보여주기 위해서인가? 단지 그렇지만은 않을 것이다. 마키아벨리라는 이름은 폭풍우가 으르렁거릴 때에만 갑자기 위로 솟아오른다는 것을 우리는 잘 알고 있기 때문이다. 그는 폭풍우를 예고한다. 하지만 경고하기 위해서가 아니라, 오히려 폭풍우 속에서 생각이라는 것을 우리가 할 수 있도록 가르치기 위해서이다.

1527년에 사망한 이후, 그의 사상이 갑자기 시사성을 띠게 되는 '마키아벨리적인 시기들'이 여럿 있었다. 마키아벨리적인 시기들이라는 이 말은 공화주의의 이상이 스스로 무력해지고, 말이 낡아빠진 것이 되어버리고, 그것의 표현이 불투명해지는, 즉 오늘날 우리가 민주주의의 피로감이라고 부를 수 있는 것에 봉착하게 되는 그런 불확실한 시기를 가리킨다.

레몽 아롱(Raymond Aron)은 1945년에 그것을 이렇게 적고 있다. "마키아벨리즘을 둘러싼 논쟁은 독재자들이 유럽을 굴종과 전쟁에 빠뜨릴 때마다 다시 불붙게 된다." 우리는 그런 상황에 처해있는가? 분명 아니다, 아니 아직은 아니다. 만약 역사가 마키아벨리적인 시기들로 구분되어 계속 이어질지라도, 그것이 뚜렷해지는 시기가, 약해지는 시기가, 더 감춰지는 시기가, 더 은밀해지는 시기가, 더 골치 아파지는 시기가 있는 법이다. 그렇지만 세상만사에 대한 무감각이 위협을 하기 시작하게 되면, 그것이 약해지는 시기가 언제나 가장 덜 위험한 시기인 것은 아니다. 마키아벨리는 잠을 깨우는 자이다. 왜냐하면 그는 작가이기 때문이다. 그는 상처에 펜을 갖다 대기 위해 글을 썼다. 말들의 찬란함이 아니라 사물의 진실을 되살려 내기 위해 그는 글을 썼다.

유예된 결론

이 책의 한 장(章)이 2016년 여름 프랑스 앵테르(France Inter)의 전파를 타고 청취자들에게 전달되지 않았다. "세상을 탈선하게 만들고 세상의 아귀를 꿰고 있는 경첩들을 삐걱거리게 만드는 위험한 책, 일탈을 조장하는 책"인 루크레티우스의 《사물의 본질에 관하여》를 읽고 있는 마키아벨리를 다룬 5장이 그것이다. 7월 15일 방송 예정이었지만, 니스의 프롬나드 데 장글레(promenade des Anglais)에서 감행된 테러로 인한 슬픔과 분노 그리고 멍멍함이 5장을 집어삼키고 말았다.* 일 년 뒤, 이 장을 다른 장들과 합치게 되었지만, 힘들

* 2016년 7월 14일 저녁, 프랑스 남부 니스에서 프랑스대혁명 기념일 축제를 즐기던 시민들에게 극단 이슬람 근본주의자가 감행한 테러이다. 이 사건으로 80여 명이 사망했다.

게 다시 써야만 했다. 매끄러운 말로 상처를 감추고 싶지 않았다. 그런 것 역시 아프게 만들기 때문이다. 깊은 상흔이 남았고, 모두가 상처를 입었다. 사람들은 언제라도 말을 다시 하게 되겠지만, 그렇다고 해서 엄청난 굉음의 한복판에 만들어진 저 정적(靜寂)을 잊지는 못할 것이다.

역사라는 것은 바로 이런 불연속성을 진정시키는 기술이다. 위로하기 위해서가 아니다. 오히려 불편한 질문들을 생생하게 드러내기 위해서이다. 나는 불편한 질문들을 '마키아벨리적'이라고 부른다. 예를 들어 이런 것이 있다. 자기 시대에 이해받지 못했던 것을 지금에 와서 어떻게 이해시킬 수 있단 말인가? 도처로 여름휴가를 떠나는 대이동이 있기 전날에 벌어진, 영혼을 멍멍하게 만들면서 그것에서 벗어날, 그것에 대해 토론할, 그리고 논쟁을 벌일 만한 시간도 갖지 못하게 만든 저 엄청난 충격의 영향이 오래 지속될 것을 사람들은 알고 있었단 말인가? 그런데 우리는 언제나 이런 식으로 해왔다, 언제나. 우리는 말해지지 않은 것들을 아주 캄캄한 곳에 묻어버렸고, 그래서 이제 그것들은 손이 닿지도 않는 곳에 있게 되었지만, 하나씩 밖으로 튀어 올라와 우리를 위협하게 될지도 모른다.

2016년 여름부터 2017년 여름에 이르는 동안 모든 정치적 예후들은 체계적으로 와해되어 갈 것이다. 그리고 단지 프랑스에서만 그러지도 않을 것이다. 자신들의 선택을 가로막으려 했던 사람들에 맞서서 그런 선택이 불가피한 것이라고 내세웠던 대중들의 고약했던 기쁨은 처벌로 변해버리고 말았다. 투표에 관해서만 말해보자. 2016년 4월 23일 유럽연합 탈퇴여부를 묻는 영국의 국민투표가 '브렉시트'에 찬성표를 던진 후에, 그리고 도널드 트럼프가 같은 해 11월 8일 미합중국 대통령으로 선출된 이후에, "시대의 특성"은 확실히 폭풍우로 변해버렸다. 2016년 12월을 기점으로 이것들이 프랑스 대통령 선거에 끼친 영향은 대단했다. 유력한—정치해설가들이 우세하다든가 꼭 필요하다고 소개했다는 의미에서—모든 후보들을 차례차례 제거하는 상황들이 마치 거짓말처럼 이어졌으며, 그 결과 내가 이 글을 쓰고 있는 지금, 대통령 선거는 입구가 아주 불확실한, 요컨대, 심각할 정도로 걱정스러운, 전적으로 유례가 없는 그런 모양새를 띠게 되었다.*

대체 마키아벨리와 같은 음험한 정치의 달인은 우리에게

* 이 선거에서 에마뉘엘 마크롱(Emmanuel Macron)이 대통령으로 선출되었다. 2017년 5월 7일에 실시된 2차 투표에서 그의 경쟁자는 극우정당 국민전선(Front national)이 내세운 마린 르 펜(Marine Le Pen)이었다.

무엇을 가져다준단 말인가? 만약 그가 악의적인 후세가 우리에게 남겨준 마키아벨리즘이라는 이미지, 즉 교활하고 거침없는 모사가일 뿐이라면, 사실 그것은 별거 아닐 것이다. 어떤 것이 서툰 말이고 어떤 것이 유망한 말인지를 구분하기가 참으로 힘든 이 혼란스러운 시대에, 만약 사람들이 추호도 들으려 하지 않는 목소리가 있다면, 그것은 정치적 불확실성에 맞서 집단행동이 필요하다는 하나마나한 몇몇 규칙들을 차분하게 제시하며 예단하는 그런 전문가들의 목소리일 것이다. 매우 단순한 그들의 목소리는 그들에게 결여되어 있는 상상력을 반영할 뿐이다.

마키아벨리는 미래에 전개될 역사의 각 단계마다 의미가 갈라진 길들을 그려 보이면서 모든 상황을 "이것 혹은 저것"으로 해체하는 분리의 사상가이다. 그런데 이런 그가 매력적으로 보이는 것은 정치적 지형도를 만드는 사회적 힘이 언제나 그 힘을 가둬두려는 사람들의 아는 척한 처방을 넘어서 흘러넘친다는 것을 알게 해주기 때문이다. 그의 문장은 언제나 비껴 달아나고, 만약 그가 두 개의 길목이 있다고 알려준다면, 그것은 새로운 세 번째 길목에 곧장 들어서기 위해서이다. 왜냐하면 하나의 정치적 상황이 도대체 어떤 출구에 이르게 될 것인지를 사람들이 불안해하는 마음으로 알아보려는 순간에, 이 정치적 상황이 그 상황을 넘어 더 멀리 나아가도록 만드는 어떤 총괄적인 움직임에 의해 추동된 것임을 이해하는 것, 그것이 더 가치 있기 때문이다. 조만간 유럽의 대중들을 기다리고 있는 것도 바로 이런 것이리라. 재난을 두려워한 나머지 재난이 이미 들이닥쳤다는 것을 그들은 이해하지 않으려고 작정했다.

그렇다고 해서 행동하지 않을 수는 없다. 그리고 바로 그런 이유로 그 어느 때보다도 일 년이 지난 지금 마키아벨리는 초미의 관심사로 남게 되었다. 1839년 주세페 페라리(Giuseppe Ferrari)라는 이탈리아의 망명 철학자가 파리를 거닐고 있었다. 잠바티스타 비코(Giambattista Vico)의 제자인 그는 《군주론》 저자에 대해 말하기 위해서 미슐레, 보들레르 그리고 생시몽의 무리들을 찾고 있었다. 주세페 페라리는 자기 시대의 정치라는 연극을 바라보면서 마치 피렌체 서기관이 배우들에게 각자의 배역을 미리 정해준 레퍼토리와 같다고 생각하곤 했다. 왜냐하면 "1789년을 기점으로 주관적으로 해석된 혁명원칙이 개별적인 현상들을 지배하고 말아서 마치 마키아벨리가 대혁명이라는 무대에 모습을 드러낸 사람들의 말을 심지어 구술해 주고 있다고 여겨질 정도"*라고 생각했기 때문이다. 10년 뒤 《마키아벨리, 이 시대 혁명의

심판관》이라는 제목의 저서에서 그는 이렇게 썼다

역사에 대해 비극적 감각을 지니고 있는 사람들은 혼란에 빠진 우리들 자신이 등장하는 작품들을 셰익스피어가 꾸준히 써나갔다고 항상 생각해 왔다. 그러나 미셸 푸코가 말한 것처럼 "권력이라는 기괴한 톱니바퀴"가 움직이기 시작했음에도 불구하고, 대중의 쇠퇴한 말은 반대로 별로 권고할 만한 가치도 없는 무대 위에서 실험되고 있는 것처럼 보이며, 또한 트럼프의 미국을 "리얼리티 쇼" 공연이라고 잘못 부르는 등, 단지 경멸을 던지는 것보다 우리가 더 좋아하는 것은 없는 것처럼 여겨지게 되고 말았다. 바로 거기에서 마키아벨리처럼 말을 한다면, "사물의 실제적 진실"에 대한 무관심이 꾸준히 구축되어진다. 헌데 어찌되었든 미래의 정치는 바로 허구를 통해서 만들어진다.

따라서 오늘날의 우리는 대체 마키아벨리의 어떤 허구에서 우리 미래의 문을 열기 위한 지적 타개책을 찾아야만 하는 것인지 알지 못한다. 《군주론》이 펼쳐 보이는 필요의 철학 안에서인가, 아니면 《티투스 리비우스의 로마사 논고》

---

* 1789년 프랑스대혁명 이후에 벌어진 일들은 혁명의 원리를 주관적으로 해석하는 상황에 봉착하게 되는데, 그것은 마치 어떤 하나의 원칙을 고수하지 않은 마키아벨리가 말한 바대로 이루어진 것 같다는 의미이다.

가 구성하고 있는 공화주의자의 실망에 관한 논설 안에서인가? 우리의 갈등을 조화롭게 만들 기술을 찾아야 하는 것인가, 아니면 오히려 지배당하는 자들이 지배의 기술을 알아채도록 만드는 방식을 찾아야 하는 것인가? 이 경우에 어찌하여 우리는 그가 쓴 희곡 작품과 역사서와 연애시를 보러 가지 않는단 말인가? 2016년 여름 내내 나는 마키아벨리즘이라는 가면 뒤에 숨겨진 마키아벨리의 얼굴을 복원하려고 했다. 그리고 이 얼굴이 폭풍우를 머금은 하늘처럼 변화가 많고 또 쉽게 변하는 것은 그가 자신의 다양한 재능들 중에서 어느 하나를 선택할 만한 시간이 없었기 때문일 것이다. 이 모든 얼굴들 덕분에 그는 닥쳐온 일들을 정확히 명명하는 기술을 익혔고, 그런 일들로 인해 남게 된 결과에 대한 완벽한 조서를 꾸릴 수 있었다. 앞에서 여러 번 말했던 것처럼 그 안에서 시적인 것과 정치적인 것은 서로 분리되지 않는다.

해가 바뀌어 2017년 여름이 되면 마키아벨리와 함께 보낸다는 것이 어떤 의미를 갖게 될 것인가? 아마도 역사가 지닌 야망 그 자체에 대해 발터 베냐민이 부여했던 의미, 그런 것일 수도 있겠다. "역사가로서 작품을 만든다는 것이 '사건들이 실제로 어떻게 벌어졌는지' 안다는 것을 의미하지 않는다. 그것은 위험이 닥친 순간에 불현듯 솟아오르는 어떤 기억을 붙잡는다는 것을 의미한다."* 이런 기억은 우리를 비관적으로 만들 정도로 충분히 불확실하고 연약하다. 왜냐하면 수많은 불안을 사람들이 여기저기서 말하게 된다면, 그것은 우리의 행동을 마비시키기 위해서가 단연코 아니며, 오히려 반대로 앎의 첫 번째 원동력인 의심의 원칙을 이용해 행동을 자극하기 위해서이기 때문이다. 이런 불안의 너울거림 속에서 정치라는 것이 표현된다. 그것은 망설이는 행동이 지닌 힘을 인정하는 정치, 그리고 그렇기 때문에 우연과 필연 사이에 내던져질 때 비로소 가치를 얻게 되는 그런 정치이다.

왜냐하면 위대한 정치사상들은 언제나 지켜지지 않았던 약속들이었기 때문이다. 격렬한 선언문들과는 거리가 멀어도 한참 먼 그것들은 오히려 들리지도 않고, 연약하며, 게다가 이해할 수도 없는 말들이었다. 그렇지만 사람들은 다시 한번 그것들에게 귀를 기울여야만 한다. 휴가를 떠나기 전에 내가 단 한 명의 사상가를 챙겨야 한다면, 나는 기꺼이

* 〈역사의 개념에 관하여〉, VI.

1949년에 마키아벨리를 읽은 메를로퐁티(Merleau-Ponty)를 선택할 것이다. "진지한 인류애"에 대한 희망을 가려내기 위해서이다. 메를로퐁티의 진지함은 말로는 그럴 듯한 원칙들에 의존하는 것이나 그와 반대로 냉소주의에 빠지는 것을 거부한다. 시대의 불확실함을 극복해야 한다는 것을 사람들이 포기할 수는 없을 것이다. 왜냐하면 "우리가 이해하기를 그리고 원하기를 포기하는 순간에만 우연이라는 것이 모습을 드러내기 시작하기 때문이다." 만약 인류에 대한 마키아벨리의 비관주의가 폐기처분되지 않았다면, 그것은 궁극적으로는 그의 비관주의가 정치 안에 윤리라는 것이 있을 수 있다는 가능성을 배제하지 않았기 때문이다. 물론 그것은 보편적인 윤리는 아니다. 그러나 메를로퐁티가 쓰고 있듯이 "마키아벨리는 윤리의 가치들을 모르지 않았다. 그는 그것들이 역사 안에서 벌어진 일들과 관련된 어떤 발굴 현장처럼, 여전히 살랑거리며 살아남는 것을 보았다."*

사람들이 글을 쓴다면, 그것은 경험의 흔적을 새겨놓는 것 이외에 다른 것을 하기 위해서가 아니다. 이 경험은 쓸모있고, 오랜 시간이 지난 뒤에 거의 잊히게 될지라도 언제나

* 《기호들(Signes)》의 10장 〈마키아벨리에 대한 노트(Note sur Machiavel)〉.

쓸모가 있을 것이다. 따라서 패배라는 것은 별로 중요하지 않다. 왜냐하면 우리는 오래전부터 승자가 될 가능성이 없다는 것을 알고 있기 때문이다. 마키아벨리는 또 다른 겨울과 또 다른 여름들을 맞이하게 될 것이다. 왜냐하면 그는 모리스 메를로퐁티가 썼듯이, "희망이든 절망이든 같은 동작으로 그것들을 떼어놓을"* 수 있었기 때문이다.

2017년 4월 5일

---

* 《철학예찬(Éloge de la philosophie)》(1953).

마키아벨리를 읽기 위한 참고 자료

마키아벨리가 작성한 모든 작품의 준거가 되는 판본들은 모두 이탈리아에서 출간되었다. 가장 신뢰할 수 있는 것으로는 마리오 마르텔리(Mario Martelli, *Tutte le Opere*, Florence: Sansoni, 1971)와 코라도 비반티(Corrado Vivanti, *Opere*, 3 vol., Turin: Einaudi, 1997-2005)의 판본이 있으며, 이와 더불어 많은 외교 관련 글들과 마키아벨리가 1512년 메디치 가문의 쿠데타 이전에 서기관으로 활동했던 당시의 서한들을 포함한, 로마의 살레르노(Salerno) 출판사가 지난 2000년부터 간행한 "범국가"* 판본을 들 수 있다. 장 자크 마르샹(Jean-Jacques Marchand)이 주

* 이탈리아 정부로부터 재정적 후원을 받고 있기에 여러 권으로 구성되었고, 현재도 출간 중인 이 판본에는 "범국가"라는 용어가 부여되었다.

관을 맡아 방대한 분량의 작품을 간행한 것은 행동하는 인간으로서의 마키아벨리(*Legazioni, Commissarie e Scritti di Governo 1498-1512*, 7 vol., Rome: Salerno, 2001-2002)에 대해 지금까지 우리가 이해했던 내용에 무엇보다도 큰 변화를 불러왔다.

마키아벨리의 주요 작품에 대한 프랑스어 번역본으로는 지금은 낡은 것이 되긴 했지만(하지만 놀라울 정도의 시사성을 담고 있는 장 지오노의 서문은 여전히 가치가 있다) 플레이아드(Pléiade) 총서 판본(1952)과 크리스티앙 베크(Christian Bec) 주관하에 편집된 판본(Machiavel, *Oeuvres*, coll. Bouquin, Paris: Robert Laffont, 1996)을 우선 들 수 있다. 나는 이 책을 위해 《티투스 리비우스의 로마사 논고》를 제외하고는(이 작품을 위해서는 알렉산드로 폰타나[Alessandro Fontana]와 그자비에 타베[Xavier Tabet]가 2003년에 갈리마르 출판사에서 간행한 뛰어난 판본을 참조했다) 이 판본에 약간의 수정을 가하면서 가장 많이 참조했다.

최근에 《군주론》의 프랑스어 번역본이 여러 권 간행되었는데, 모두 매우 유용하다. "이 고약하기 그지없는 작품"에 안토넬라 페네치 크로케(Antonella Fenech-Kroke)가 그림을 선별하고 설명을 덧붙여 마키아벨리가 살았던 당시의 문화를 시각적으로 제시하려고 했던 판본(Machiavel, *Le Prince*, Paris: Nouveau Monde, 2012)을 제안할 수 있다. 마키아벨리의 민첩

한 글쓰기를 완벽하게 고려한 자클린 리세(Jacqueline Risse)의 신중하면서도 말을 들려주는 듯한 번역을 이 책을 구상하던 시기에 사용하기로 결정했었다.* 그녀의 번역은 2001년 악트 쉬드(Actes Sud) 출판사의 "바벨(Babel)" 총서에서 간행되었으며, 단테의 훌륭한 번역가이기도 한 그녀의 이 번역은 2001년 4월 낭테르 아망디에(Théâtre des Amandiers de Nanterre) 극장에서 공연된《군주론》의 대본으로 사용된 것이었다.**

그러나 나는 좀더 엄밀하다고 말할 수 있는 장 루이 푸르넬(Jean-Louis Fournel)과 장 클로드 장카리니(Jean-Claude Zancarini)가 2000년에 프랑스대학출판부(PUF)에서 간행한 훌륭한 비평판(*De principatibus/Le Prince*. 수정증보판이 2014년 "카드리주[Quadrige]" 총서에 간행되었다)의 번역을 이 책에서 사용했다. 이 두 명의 정치 문헌학 전문가들은 학술적 주석을 곁들였으며, 이 책의 여러 곳에서 이 주석에 의지했다.

《군주론》 집필 500주년이었던 2013년은 이탈리아와 유

* 자클린 리세는 논리적 연결이 빈번하게 결여되고, 통사적으로 불규칙하며, 접속사가 미친 듯이 반복되는 등, 마치 걷잡을 수 없는 폭풍우처럼 밀려들고 폭포처럼 쏟아지는 마키아벨리의 글쓰기에 대해 "마귀 들린 언어(langue endiablée)"라는 표현을 사용한 바 있다.

** 이 책의 저자 파트리크 부슈롱이 긴 서문을 작성했다.

럽에서 다양한 학술적 행사와 판본 간행의 계기가 되었다. 그중에서 가장 주목할 만한 것은 아마도 트레카니(Treccani) 출판사에서 게나로 사소(Gennaro Sasso)와 조르조 인글레제(Giorgio Inglese)의 주관하에 세 권으로 간행된《마키아벨리 백과사전(Enciclopedia machiavellliana)》일 것이다. 1954년 로베르토 리돌피(Roberto Ridolfi)가 간행한《마키아벨리의 생애(Vita di Niccolò Machiavelli)》(2 vol. 이후에 여러 번에 걸쳐 개정증보판이 간행되었다)가 여전히 참조할 만하지만, 에세이 형식으로 작성된 다양한 프랑스어 전기(傳記) 역시 매우 추천할 만하다. 우고 도티(Ugo Doti)가 번역한《마키아벨리 혁명(La Révolution Machiavel)》(Grenoble: Jerôme Millon, 2006. 초판은 2003)은 마리나 마리에티(Marina Marietti)가《마키아벨리. 불가피성의 사상가(Machiavel. Le penseur de la nécessité)》(Paris: Payot, 2009)에서 간단히 다루었던 마키아벨리 시대의 여러 사건을 소상하게 파악하는 데 여전히 유용하다. 퀜틴 스키너(Quentin Skinner)의 에세이《마키아벨리(Machiavel)》(Paris: Le Seuil, 1989. 영어초판은 1981년 간행, 2001년 "푸앵 쇠유[Points Seuil]" 총서로 프랑스어 재판 간행)는 훨씬 더 실감이 나며, 산드로 란디(Sandro Landi)의 《마키아벨리(Machiavel)》(Paris: Ellipses, 2008)의 대단히 시사적인 에세이가 보완이 될 수 있다.

당시 이탈리아 전체의 문맥을 이해하길 바란다면, 엘리자베트 크루제 파방(Elisabeth Crouzet-Pavan)의 《이탈리아 르네상스(Renaissance italienne, 1380-1500)》(Paris: Albin Michel, 2007, 재판은 2013. 3장에서 다루었던 피렌체 마상시합의 묘사를 위해 이 책을 참조했다)을 유용하게 읽을 수 있다. 피렌체 메디치 가문의 역사를 처음 접하고자 한다면, 정기간행물《역사(L'Histoire)》의 2003년 3월 제274호 특집 "메디치 가문의 피렌체"에 수록된 기사들을 참조할 수 있다. 이 책에서 언급했던 "1400년대(Quattrocento)" 이탈리아 공국의 전반적인 정치체제와 혁신적인 통치방식에 대한 조망은 파트리크 부슈롱(책임편집)의 《15세기의 세계사(Histoire du monde au XVe siècle)》(Paris: Fayard, 2009, 53-72쪽)에 수록된 "이탈리아의 여러 정치실험실"에서 다루어진 바 있다.

참조할 만한 이런 학술적 문헌들을 길게 나열하여 이 책을 무겁게 만들지 않기를 바라면서도, 이 책에 영감을 주었던 다음과 같은 일부 내용에 대해서는 소개가 필요하다. 르네상스는 루크레티우스 재발견으로 무장해서 등장했는가? 《콰트로첸토(Quattrocento)》(Flammarion, 2013)라는 제명으로 프랑스어로 번역된 탁월하면서도 설득력 넘치는 저서에서 스티븐 그린블랫(Stephen Greenblatt)은 그러하다고 옹호한다. 이 책의 5장 "위험한 책에 대한 이야기"에서 다루었던 설명은 오렐리앙 로베르(Aurélien Robert)가 인터넷사이트 "사상의 생명력(La vie des idées)"에 기고한 "루크레티우스와 근대성(Lucrèce et la modernité)"에서 그랜블랫의 저서에 대해 가졌던 의심 섞인 관점과 맥을 같이한다. 사보나롤라의 예언을 다루기위해서는 장 루이 푸르넬과 장 클로드 장카리니가 《경험의 정치학. 사보나롤라, 귀차르디니 그리고 피렌체 공화주의 사상(La Politique de l'expérience. Savonarole, Guicciardini et le républicanisme florentin)》에서 전개했던 가설들에 주로 의지했으며, 회고록(4장*)은 크리스티안 클라피슈 쥐베르(Christiane Klapisch-Zubert)의 명저 《가문과 이름. 르네상스 이탈리아의 전략과 의식(La Maison et le Nom. Stratégies et rituels dans l'Italie de la Renaissance)》(Paris: Editions de l'EHESS, 1990)에 대부분 의지했다. 마키아벨리의 서기관 활동과 언어에 대해서는 장 자크 마르샹(Jean-Jacques Marchand)의 책임하에 간행된 《메디치 가문 없는 마키아벨리(Machiavelo senza i Medici, 1498-1512. Scrittura del potere/potere della scrittura)》(Rome: Salerno, 2006), 그리고 마키아벨리의 전반적인 글쓰기에 대해서는 해비 맨스필드(Harvey C.

* 저자는 7장으로 기록하고 있다.

Mansfield)의 《마키아벨리의 비르투(Machiavelli's Virtu)》(Chicago UP., 1996)에 신세를 졌다. 1527년의 사건에 대한 이야기(28장)는 앙드레 샤스텔(André Chastel)의 위대한 저서 《로마 약탈 1527(Le Sac de Rome, 1527)》(Paris: Gallimard, 1984)에 분명히 의지했다.

이 책에서 일부 환기된 주제들은 예전에 출간된 내 저서들(그리고 여기에 수록된 참고문헌들)에서 이미 다루어졌던 것이지만, 특히 10장 그리고 (이 책 전반에 걸쳐 다루어지는) 정치에서의 비결단력과 자크 랑시에르가 사용한 의미이기도 한 "불화(mésentente)"의 문제에 대해서는 프랑수아 포롱다(François Foronda)와 조제 마리아 니에토 소리아(José Maria Nieto Soria)가 공동 집필한 《중세 말의 쿠데타?(Coups d'Etat à la fin du Moyen Age? Aux fondements du pouvoir politique en Europe occidentale)》(Madrid, Collection de la Casa de Velàzquez 91, 2005, 19-49쪽)에 수록된 "콰트로첸토 시기 이탈리아 군주제의 쿠데타 이론과 실행(Théories et pratiques du coup d'Etat dans l'Italie princière du Quattrocento)"을 참조했다.

조르주 디디 위베르만(Georges Didi-Hubermann)이 파악했던 관점의 문제(예를 들어, 《이미지가 자리 잡는 순간[Quand les images prennent position, 1. L'oeil de l'histoire]》[Paris: Minuit, 2009])는 이미

《다빈치와 마키아벨리(Léonardo et Maichiavel)》(Paris: Verdier, 2009)에서 다루어진 바 있으며, 20장의 "자리 잡기의 정치술"의 전개에 영감을 제공했다. 정치적 실패와 명철한 관념 사이의 관계에 대해 의문을 제기하는 운명과 강물에 대한 전개(15장)는 저서 《시간 간극(L'Entretemps)》(Paris: Verdier, 2012, 특히 110쪽 이하)에서 다루어진 문제이기도 하다. 끝으로, 많은 이들에 의해 해석된 바 있는 1513년 친구 프란체스코 베토리에게 보낸 마키아벨리의 편지는 《지식의 향연(Au banquet des savoirs, Eloge dantesque de la transmission)》(Bordeaux-Pau, Presses universitaires de Bordeaux/Presses universitaires de Pau et des Pays de l'Adour, 2015)에서 좀더 길게 풀이되었다.

11장에서 15장까지 다루었던 《군주론》에 대한 설명은 앞에서 소개한 비평 판본들 이외에도 이브 샤를 자르카(Yves-Charles Zarka)와 티에리 메니시에(Thierry Ménissier)의 《마키아벨리, 군주론 혹은 새로운 정치술(Machiavel, Le Prince ou le Nouvel Art politique)》(Paris, PUF, 2001)에 실린 여러 연구들, 해석들 그리고 좀더 일반적으로는 마리 가유(Marie Gaille)의 《마키아벨리와 철학의 전통(Machiavel et la tradition philosophique)》(Paris: PUF, 2007)에 근거하고 있다.

마키아벨리에 대해 생각하고, 설명하고, 비평하기 위해서라면, 어느 정도 도움이 되는 많은 저서를 읽지 않고서는 불가능하다는 것을 우리는 알게 될 것이다. 이런 저서들이 의지하고 있는 문헌이 있는데, 그것은 무엇보다도 파올로 카르타(Paolo Carta)와 그자비에 타바(Xavier Tabat)가 공동 편찬한 《19-20세기의 마키아벨리(Marchiavelli nel XIXe nel XX secole)》(Padoue, CEDAM, 2007)이다. 이 책에서 마르크 앙투안 쥘리앵의 인용(30장)을 빌려왔으며, 모리스 졸리의 예는 《실과 흔적(Le Fil et les traces. Vrai faux fictif)》(Lagrasse: Versier, 2006)에 수록된 카를로 갱즈뷔르그(Carlo Ginzburg)의 〈원수를 재현하기(Représenter l'ennemi. Sur la préhistoire française des Protocoles)〉에서 가져왔다. 또한 주세페 페라리(Giuseppe Ferrari)의 《마키아벨리. 우리 시대 혁명의 심판관(Machiavel, juge des révolutions de notre temps)》(Paris: Payot, 2003, 초판은 1849년 간행)과 루이 알튀세르(Louis Althusser)의 《정치철학강의(Ecrits philosophiques et politiques)》(éd. François Matheron, Paris: Stock/IMEC, 1995) 51쪽에서 마키아벨리를 읽는 그람시의 사례를 빌려왔다.

존 그레빌 에이가드 포칵(John G. A. Pocock)의 명저 《마키아벨리적 순간(Le Moment machiavélien: la pensée politique florentine et la tradition républicaine atlantique)》(1975년 초판 간행) 이후로 공화정 이상의 무력함에 대한 인식을 말하면서 흔히 "마키아벨

리적 순간"이라는 표현을 사용해 왔다. 이 개념에 대한 비판적 고찰, 특히 제랄드 스페즈(Gérald Sfez)와 미셸 센라르(Michel Sennelart)의 《마키아벨리의 내기(L'Enjeu Machiavel)》(Paris: PUF, 2004)를 염두에 두면서 나는 명백한 정치적 비결단력이 수면으로 떠오르게 되는 바로 그 순간에 마키아벨리의 사상이 노골적으로 환상에서 깨어나 다시 작동하게 된다는 것을 좀 더 총체적 차원에서 읽어냈다. 이런 의미에서 다루어진 내용은 클로드 르포르(Claude Lefort)의 《마키아벨리라는 작품 만들기(Le Travail de l'oeuvre, Machiavel)》(Paris: Calmann-Lévy, 1994)와 특히 모리스 메를로퐁티의 《기호들(Signes)》(Paris: Gallimard, 1960, 1985년 재판)에 실린 황홀하기 그지없는 〈마키아벨리에 관한 노트〉 일부에 빚지고 있다. 이 책의 "유예된 결론"을 쓰도록 용기를 준 것도 바로 그의 글이었다.

마키아벨리,
가면 뒤의 얼굴

"신중한 군주는 자기가 한 약속이 자신에게 해가 될 것 같으면 그것을 추호도 지키지 말아야 한다", "군주에게 필요한 것은 여우의 기질을 잘 감추는 것이다", "군주는 위장하고 은폐하는 기술을 완벽하게 갖춰야 한다", "권력을 지켜내기 위해서는 인류애, 자비심, 심지어는 종교적 신심과도 정반대로 행동해야 한다", "군주는 오로지 자신의 목숨과 권력을 지켜내는 일만을 생각해야 한다." 그리고… "군주는 필요하다면 악행의 길로 들어설 줄 알아야 한다."

1513년 7월에서 10월 사이에 씌어지고 사망한 지 5년이 지나 출간된 《군주론》(1532)의 18장에서 우리가 발견할 수 있는, 플로베르의 말을 빌리자면 "몸을 부들부들 떨지 않고서는" 도저히 읽기 힘든 문장들이다. 후세는 이런 말을 한 자에게 그의 이름을 따서 "마키아벨리즘"이라는 명사를 부여했고, 때로는 무시무시함과 공포를 뜻하는 "마키아벨리적"이라는 형용사도 기꺼이 선사했다. 보편적 윤리의 원칙에 아랑곳하지 않고 한 치의 거리낌도 없이 거짓, 술수, 기만과 같은 악덕을 이용해 권력을 장악하고 유지하는 것, 바로 이것이 모든 이들이 제목만이라도 알고 있는 이 책에서 마키아벨리가 요구한 것이다. 그렇다, 그는 분명히 그렇게 말했다.

그런데 만약 우리가 이런 문장들의 바로 앞, 뒤에서 다음과 같은 발언을 읽게 된다면 어찌할 것인가? "약속을 지키고 정직하며 술수를 쓰지 않고 행동하는 것이 마땅히 칭송받을 일이라는 것을 어떤 군주라도 알고 있다", "자비롭고 충직하며 인간적이고 경건하며 진지한 모습을 보여주는 것이 군주에게는 언제나 좋은 것이다." 그리고… "군주는 가능하다면 선(善)이라는 길에서 벗어나지 말아야 한다."

사악한 사상가로 알려진 마키아벨리에게 상반된 두 얼굴이 있다고 말해야 하는 것인가, 아니면 그가 사망한 이후에

산티 디 티토(Santi di Tito)의 초상화에서 볼 수 있는 야릇한 미소처럼 우리가 알지 못하는 또 다른 그가 있단 말인가?* 게다가 다음과 같은 고백을 듣게 된다면 우리는 그를 어떻게 여겨야 한단 말인가?

> 아침에 해가 뜨면 자리에서 일어나 나무를 베어놓으라고 시켰던 숲으로 가서 지난 밤새 내내 해낸 일들을 두 시간 남짓 바라보면서 자기들끼리 혹은 이웃과 함께 하면서 언제나 팔다리에 불만을 달고 사는 나무꾼들과 시간을 보낸다. (…) 숲숲을 벗어나면 샘으로 가는데, 그곳은 내 사냥터이기도 하다. 단테나 페트라르카의 책 한 권을 챙기고 간다. (…) 그러면 주막으로 가는 길

---

* 산티 디 티토가 그린 마키아벨리의 초상은 16세기 후반에 그려진 것으로 추정된다. 마키아벨리가 사망한 후 9년이 지난 1536년에 태어난 이 화가가 마키아벨리의 실제 얼굴을 보았을 까닭은 없다. 다만 동물의 얼굴과 인간의 얼굴 사이의 유사성을 다룬 잠바티스타 델라 포르타(Gimabattista della Porta)의 〈인간 인상학(De humana physionomica)〉을 근거로 16세기 중후반의 피렌체 서기관에 대한 관점을 반영하여 음흉한 살쾡이의 얼굴을 닮은 마키아벨리를 그려냈다. 그런데 마키아벨리와 같은 시대를 살았던 화가 로소 피오렌티노(Rosso Fiorentino)가 그린 것으로 추정되는 또 다른 초상이 있다. 두 초상화에서 마키아벨리의 자세와 옷 색깔은 매우 유사하지만, 산티 디 티토는 마키아벨리의 묘한 웃음을 유달리 강조하였다.

로 접어드는데, 행인들과 대화를 나누면서 새로운 소식이 있는지 묻기도 한다. (…) 해가 떨어지면 집으로 돌아와 서재로 들어간다. 진흙범벅이 되어버린 헝겊으로 누빈 일상복을 문턱에다 집어던지고 국왕이나 교황의 궁정에나 어울릴 만한 옷들로 갈아입는다. 마땅히 그래야 한다는 듯이 그렇게 옷을 차려입고는 고대 작가들의 오래된 궁정 안으로 들어가 그곳에서 사랑 가득한 그들의 환대를 받으며 "오직(solum)" 나만의 것이기도 하고, 내가 세상에 나온 목적이기도 한 요리들로 배를 채운다. 거기에서 그들과 대화를 나누고, 그들이 그런 식으로 행동한 이유를 물어보는 것이 부끄럽지 않다. 그들은 인간미 넘치게 내게 답을 해준다. 네 시간 내내 어떤 고민도 느끼지 않게 되고, 별거 아닌 온갖 근심을 잊게 되고, 가난을 두려워하지 않게 되며, 죽음마저 나를 불안하게 만들지 않는다.

1513년 서기관 직에서 쫓겨나 유배를 당하게 된 마키아벨리는 자신의 일상을 이렇게 밝힌다. 그의 하루는 다양한 일들로 채워진다. 언제나 불만투성이인 일꾼들과 대화를 나누고, 선선한 나무 그늘에 앉아 자신이 좋아하는 단테나 페트라르카를 읽고, 주막에 들려 세간의 소소한 일들에 귀를 기울이고, 집으로 돌아와 정진(靜振)한 상태로 고전들을 읽어 내려간다. 어떤 이들은 이런 고백에서 유배에 처해진 자의 무료하기 그지없는 일상을, 또 어떤 이들은 고통을 떨쳐내기 위해 몸부림을 치는 모습을 읽어낼 것이다. 또 어떤 이들은 루크레티우스 같은 고대 작가들과 대화를 나누며 현재에 대한 위안을 얻으려는 의도를 찾을 것이다. 나아가 떠나지 않는 고통을 벗어나게 해줄 수 있는 문학의 개인적 유용성도 지적할 수 있을 것이다.

그러나 일상의 범부(凡夫)들로부터 세상사가 돌아가는 소식을 듣게 된다는 언급에서 그의 시선이 언제나 '현재'와 '이곳'을 향하고 있다는 것을 짐작하기는 어렵지 않다. 그가 고전의 세계 안으로 들어가는 것은 일상의 다양한 일들 속에서 사람들이 왜 불만을 달고 사는지에 대한 답을 찾을 수 있다고 생각했기 때문일 것이다. 현재가 갈등으로 채워져 있다면, 그리고 그것을 피할 수 없다면, 고대 작가들의 말 안에서 갈등의 근원을 찾는 행위는 과거를 지나간 시간으로 여기기보다는 오히려 현재와 연계되어 있는 것으로 간주하는 인식에 기인한다. 그것은 시간의 연속성을 확인하려는 태도이다. 르네상스가 고전의 재생으로 가능했다면, 마키아벨리의 이런 의지는 과거의 다양한 경험에서 현재의 여러 갈등을 극복할 계기를 마련하려는 인문주의자로서의 면모를 드러낸다.

그렇다, 다양성과 연속성. 이것들이 마키아벨리의 정신을 감싼다. 고정을 알지 못하는 운동성, 이것이 그의 생각을 점령한다. 움직임이 세계의 본질을 형성하고 세계를 구성하는 인간 개개인에 내재된 하나의 속성이라면, 다양한 일들로 채워지는 일상에 대한 고백은 유배에 처한 자신을 동정해 달라는 부탁으로 읽히지 않는다. 그에게는 변덕스런 운명이 자신을 유형의 나락에 떨어지게 만든 것처럼, 인간인 우리는 언제나 운명의 희생자로 남을 수밖에 없지만, 그렇다고 해서 운명이라는 이 여인에게 언제나 복종할 수는 없다는 인식이 있다. 한결같지 않은 이 살아간다는 일에 절망하지 않기 위해서라면 지금 벌어진 일들의 '실제적 진실'을 찾아나서는 것이 오히려 필요하다. 그 진실은 쉽게 모습을 드러내지 않지만, 게다가 쉽게 왜곡되고 변형될 수도 있지만, 그럼에도 그것을 찾지 않는다면 모든 것은 가식과 거짓으로 치장될 수밖에 없다는 것이다.

이점에서 마키아벨리는 멈춤이라는 단어를 알지 못하는 자라고 할 수 있다. 그는 고정을 속성으로 삼는 자가 아니다. 탈선의 위험성이 제거된 〈유토피아〉의 토머스 모어와는 다른 길을 그는 선택한다. 그의 산보가 다양한 방향으로 나아가듯이, 고정된 세계의 구현이 그가 지향하는 목적이 아니다. 자연이라는 것이 질서도 없고 안정적이지도 않으며, 그래서 다양하고 우연적이며 부단한 변화를 속성으로 삼는다면, 그는 그것이 초래하는 현재의 갈등을 정면으로 바라보고, 현재가 진정으로 '필요'로 하는 것이 무엇인지를 찾아내고, 그리고 그것을 통해 현재의 갈등을 벗어날 방안을 마련할 생각을 한다. 갈등을 우리가 매일같이 경험하고 있다면, 그것은 무질서를 경험하면서도 질서의 동인과 자유의 원천을 찾으려는 의지가 우리에게 있기 때문이라고 본 것이다.

마키아벨리는 사회의 균형과 화합을 위해 사회적 갈등을 피하고 극복해야 할 대상으로 간주한 기존의 정치사상으로부터 이렇게 탈선한다. 그가 갈등의 현재를 자주 언급한다면, 그것은 염세주의자이기 때문이 아니다. 갈등을 비껴갈 수 없는 대상으로 보는 체념적 태도가 그에게는 없다. 법이라는 것이 뛰어난 법률가에 의해서만 고안된다고 그는 생각하지 않는다. 그에 따르면 오히려 갈등의 한복판에서 훌륭한 법이라는 것이 태어난다. 사회의 분열이 올바른 법과 통치의 탄생을 가능하게 만든다는 것이다. 한 국가의 자유로움이라는 것이 갈등이 초래한 어떤 열정들로부터 만들어지는 것이라면, 갈등을 회피하기보다는 오히려 정면으로 바라보아야 할 필요도 있다는 것이다. 그런데 갈등이 없으면 자유에 대한 욕망도 없다는 이런 인식, 갈등을 질서를 위한 자양분으로 삼는 이런 주장은 대단히 위험하지 않겠는가?

그래서였을 것이다. 출간에 앞서 이미 1513년부터 수사본의 형태로 지식인들의 손에서 손으로 옮겨졌던 《군주론》은 1559년 가톨릭 금서목록에 당당히 자리를 마련한다. 종교적 신념을 부인하는 위험한 책으로 심판받았다. 1576년에는 마키아벨리를 경계한 다른 유럽국들과는 달리 오히려 그를 탐독하고 번역했던 프랑스에서 이노상 장티예라는 신교도 신학자이자 법률가는 《반마키아벨리》라는 책을 세상에 내놓았다. 그는 《군주론》의 문장들을 의도적으로 짜깁기해서 피렌체 서기관의 책을 "악마의 손가락이 쓴 글"처럼 만들어놓고 말았다. 이후부터 마키아벨리는 의심과 경계의 대상이 되어갔다. 심지어 계몽주의를 대표하는 사상가 볼테르(Voltaire)의 감수를 받은 프러시아 국왕 프리드리히 2세는 같은 제목의 책을 출간하기도 했다. 헌데, 볼테르는 무엇을 읽었단 말인가? 그 정도로 마키아벨리즘이라는 명사는 지극히 위험한 사상을 가진 음모자의 대명사가 되고 말았다. 고전을 통해 현재를 읽으려 했던 인문주의 지식인, 국가 간의 난해한 문제들을 해결했던 뛰어난 외교관, 현재의 위험을 미리 감지하는 통찰력을 지닌 사상가 그리고 여전히 사랑을 꿈꾸었던 인간으로서의 마키아벨리는 자신이 변덕스럽다고 규정했던 운명이라는 여인의 희생자로 남게 되었다. 그의 진정한 의도와 모습은 그의 이름을 빌린 명사 뒤에 감춰지고 말았다.

이 책의 저자 파트리크 부슈롱(Patrick Boucheron)이 다루고자 하는 것은 바로 이런 운명이 숨겨버린 마키아벨리의 진정한 얼굴이다.《마키아벨리와 함께 하는 여름(Un été avec Machiavel)》이라는 이 책의 원제가 의미하는 것도 이점과 연관이 있다. 총 30장으로 구성된 많지 않은 분량의 이 책은 라디오방송채널 프랑스 앵테르(France Inter)가 2016년 7월 11일부터 8월 18일까지 아침 7시 45분에 4-5분씩 송출한 내용을 글로 옮긴 것이다. '역사를 사랑하게 만드는 자'라는 평판을 얻은 콜레주 드 프랑스의 교수이며, 프랑스의 진보 사학자 가운데 한 명으로 고려되는 저자는 이 책을 통해 감춰진 마키아벨리의 진면목을 회복해서 우리에게 보여주려고 한다.

그렇다고 해서 정신을 집중해야만 이해될 수 있는 정치학자나 사학자의 무거운 목소리를 저자는 빌리지 않는다. 오히려 일상의 언어 사용 방식을 택하면서 설레는 마음으로 여름날의 나긋한 휴가를 즐기는 사람들이 불운했던 피렌체 서기관의 삶과 의도 그리고 감춰진 얼굴을 가볍게 발견할 수 있도록 도우려한다. 물론 쉽게 읽고 내팽개치는 대중서의 담화형식을 저자는 택하지 않는다. 그가 소개하는 마키아벨리의 다양한 면모에는 역사, 정치, 문화에 대한 깊은 지식이 반영되어 있다. 곱씹어서 읽어야 할 내용의 깊이가 이 작은 책 안에 담겨있다. 그래서 저자의 글쓰기 방식은 한편으로는 매우 자유로워 보인다. 마치 차분히 정돈된 글의 배치와 예상되는 구도를 언제나 벗어나는 마키아벨리의 후려치는 글쓰기를 닮으려 한다는 인상도 갖게 만든다. 그는 무겁지 않은 글쓰기로 마키아벨리의 얼굴을 독자가 자유롭게 들여다볼 수 있도록 돕는다.

바로 이런 자유로움, 그것은 경계의 설정을 거부하고 경계를 벗어나는 행위이기도 하다. 그것은 일직선 형태의 궤적을 벗어나는 행위이며, 그런 행위의 결과이기도 하다. 탈선한 것이기에 언제나 다른 무엇과 충돌을 경험할 수밖에 없다. 그러나 서로 다른 성질들이 사선으로 떨어지며 부딪힐 때 비로소 자유로운 '생성'이 가능하다는 것을 마키아벨리는 루크레티우스로부터 배웠고, 권력의 부딪힘이 초래하는 갈등에서 정치적 자유의 본질을 찾으려고 했다. 저자 역시 마키아벨리처럼 자연스러운 글을 통해 가면 뒤에 숨겨진 그의 본래 얼굴을 들춰내려고 한다. 세상이 덧씌워 놓은 가면 뒤에는 정치를 결코 이상적인 것으로 간주하지 않았던 그가 있기 때문일 것이다.

한결같지 않은 세상에서 인간들이 개인적 이득을 먼저 따져보면서 때로는 사악하고, 배은망덕하고, 위선자의 모습을 띠게 된다면 통치자는 멸시나 증오는 아니더라도 이 일관되지 못한 대중이 두려워하는 대상이 되어야 한다고 주장하는 그가 가면에 가려져 있다. 통치자는 용기를 갖추고 근엄하며 강해야 하고, 선을 위해서는 선하지 않을 수 있는 법도 배워야 하고, 자유를 위해 '필요'하다면 악의 길로 접어들 수도 있어야 한다. 온갖 야망과 질시, 두려움과 권력관계가 소용돌이치는 현실에서 그것의 실제적 진실에 통치자의 눈이 향할 때 비로소 다수의 질서를 위한 씨앗이 마련될 수 있기 때문이다.

외세로부터 이탈리아를 보호하기 위해 "위기상황이라는 문제들을 일으켜 세워서 다시 붙잡는 것이 필요"하다고 판단했던 마키아벨리에게 갈등은 화두였고, 매 순간 변화하는 현실이 필요로 하는 것을 발견하고 그것을 행동에 옮기는 것이 중요했다. 일관되지 않은 운명이 현실에 강요하는 이런 갈등, 이런 폭풍우를 이용하고 통제하는 '비르투(virtù)'가 군주에게 요구되어야 했다. 봉건주의와 공화주의 사이에 끼인 새로운 통치자는 기존의 모든 것들을 탄핵하는 방식을 선택해야만 하는 자이어야 했다. 그래서 이 통치자는 혼자일 수밖에 없다. 그리고 그것을 주장한 마키아벨리 역시 혼자인 채로 역사에 남게 되었다. 새로운 통치자가 새로운 정치체제의 창건을 위해 지금까지 군주에게 주어진 낡은 속성들을 던져버려야만 하는 것처럼, 마키아벨리 역시 과거의 모든 사상들과 단절해야만 했다. 그래서 알튀세르의 말을 빌리자면 그는 "고독한 자"이다. 어느 하나의 진영에 귀속시키기 힘든 분열의 사상가이다.

저자는 마키아벨리의 목소리에 담긴 이런 자유로움에 대한 의지를 행간을 뛰어넘어 드러내려고 시도한다. 마키아벨리가 여전히 우리에게 갈등에서 자유를 찾을 것을 주장하고 있다고 전해주려고 애를 쓴다. 불행했던 한 인문주의자의 글들이 오늘의 우리에게 말을 걸고 있다는 것을 환기시키려고 노력한다. 마키아벨리가 거리낌 없이 품에 안았던 문제들이 지금도 여전히 유효하다는 것을 저자는 마키아벨리를 대신해서 우리에게 말해주려고 한다. 따라서 독자가 이 책의 '유예된 결론'에서 어떤 특정 시기에 대한 언급을 읽는다고 해도 그것에 불편해할 필요는 없다. 정치적 폭풍우가 언제나 도사리고 있다는 마키아벨리의 지적이 보편성을 띤다면, 저자가 언급한 특정시기에 대한 공포와 불안은 과거의 것이기도 하고, 현재의 것이기도 하며, 미래에도 여전히 지속될 것이다.

이점에서 이 책은 마키아벨리에 대한 재성찰을 요구한다. 피렌체 인문주의자를 신중하게 읽지 못한 그간의 경향에 대한 간접적 비판이기도 하다. 사실 마키아벨리에 대한 서두른 독서는 일반화와 단순화를 지향해 왔다. 그의 책은 인간과 일을 통치하는, 정확히 말하면, "경영하는" 모든 전문가들에게 유용한 의사결정 안내서 혹은 행동을 취할 적절한 순간의 포착이 중요하다는 자기계발서로 종종 축소되고 왜곡되어 왔다. 마키아벨리라는 이름은 마키아벨리즘과 함께 모든 이들에게 알려져 있지만, 마키아벨리즘이 마키아벨리를 왜곡하게 만든 동인이었음을 간과하지 못하였다.

물론, 지난 2013년 《군주론》 집필 500주년을 기념하는 여러 행사가 국내외적으로 개최되었고, 국내에서도 마키아벨리의 저작에 대한 다수의 번역서와 해설서가 출간되면서 마키아벨리를 제대로 읽어보자는 분위기가 형성된 것은 사실이다. 그러나 대부분 학술적 측면에서 진행된 이런 저서나 역서들은 일반 독자의 접근을 여전히 어렵게 만들고 있고, 이에 반해 마키아벨리를 다룬 책들과 매체들은 지나치게 과장되거나 단선적 관점에 근거하여 그를 요란스럽게 다루었다.

섬세한 정신을 소유한 사상가이면서도 뛰어난 행동가 및 실천자였던 마키아벨리는 여전히 가면 뒤에 갇혀 있다고 말할 수 있다. 현실을 왜곡하지 않는 가운데 정치를 인간적인 행위의 전개 그 자체로 파악한 자, 민중에게 도움이 되는 글쓰기를 실천한 자, 글쓰기를 정치적 참여의 한 양식으로 자리 잡게 만든 자, 정치적 사고와 정치의 실현에서 과정의 중요성을 주장한 자, 우연에 의해 전개되는 역사 속에서 비르투를 지닌 자의 정신과 행동의 필요성을 역설한 자, 그리고 변하지 않는 인간 본성 안에서 사물의 실제적 진실을 찾아야 한다고 주장한 자는 여전히 우리에게 낯설게 남아있다. 마키아벨리의 안쪽을 힘겹게 들여다보면서 그를 가늠하려고 시도하기보다는 그의 바깥에서 그를 멀리 두고 그가 한 말의 표면만 훑으면서 우리는 그의 얼굴을 잊어버리고 말았다. 마키아벨리에게서 마키아벨리가 아닌 것을 찾으려고 했다.

마키아벨리가 살았던 상황 안에서 그를 되살리는 것, 당시의 현실 안에 그를 위치시키는 것이 그 어느 때보다도 시급한 상황에서 저자 파트리크 부슈롱은 이 자그마한 책을 통해 마키아벨리의 드러난 얼굴을 독자가 직접 살펴볼 수 있기를 희망한다. 나아가 독자의 현재가 권력자와 일반 대중에게 영광과 행복을 가져다줄 수 있을 정도로 과연 무르익었는지 자문하기를 바란다. 폭풍우를 발견하고 경험했던 과거의 인간에게서 현재의 폭풍우에 대한 진단을 받아오기를 원한다. 지금의 우리는 여전히 마키아벨리가 마주했던 폭풍우를 경험하고 있고, 이 폭풍우는 결코 멈추지 않을 것이라는 불안감이 여전히 떠돌고 있기 때문이다.

이점에서 '사물의 실제적 진실'을 파악하도록 촉구하는 마키아벨리를 다룬 이 책을 한국어로 번역하여 소개하는 것은 수많은 갈등을 경험한 우리의 독자에게 의미 있는 성찰의 기회를 부여할 수 있을 것이다. 또한 프랑스 지성이 읽은 마키아벨리를 국내에 처음으로 소개한다는 측면에서도 의의를 지닐 것이다. 저자의 자연스러운 글쓰기로 인해 번역의 과정에서 여러 어려움에 부딪혔고, 때로는 일상적 발화의 리듬을 번역에 반영하기 위해 갖가지 선택의 경계 위에서 주저해야만 했으며, 문맥의 이해에 필요하다고 여겨지는 경우에만 주석으로 부언하며 역자의 개입을 최소화하려고 했다. 혹시나 독자가 번역에서 무거움을 발견한다면 그것은 전적으로 역자의 역량이 부족한 탓이다. 다만 홀가분한 마음으로, 그러나 동시에 예민한 시선으로 마키아벨리를 만나고, 그리고 그를 다시 읽을 계기를 독자가 스스로 마련할 수 있게 되기를 바란다. 끝으로 이 책의 출판을 흔쾌히 수락해 준 고려대학교출판문화원에 감사를 드린다. 이 책의 번역에는 단어 하나하나에 치밀한 시선을 던지면서 마키아벨리의 사고를 이해하려고 노력했던 학생들의 열정이 함께했다. 인문학 공부가 세밀한 비판적 읽기로부터 시작된다는 엄연한 진실을 애써 간과하는 이 참담한 시대에 그들의 눈은 매우 아름다웠다. 그들로부터 많이 배웠다.

2023년 1월

손주경

마키아벨리, 가면 뒤의 얼굴

초판 발행 2023년 2월 28일

지은이 파트리크 부슈롱
옮긴이 손주경
펴낸곳 고려대학교출판문화원
www.kupress.com
kupress@korea.ac.kr
(02841) 서울특별시 성북구 안암로 145
Tel 02-3290-4230, 4232
Fax 02-923-6311
찍은곳 (주)동화인쇄

ISBN 979-11-6956-012-2 03300

값 12,000원

※ 잘못 만들어진 책은 바꿔 드립니다.